EUROPEAN COUNTRIES

```
E  S  M  O  X  F  F  O  R  G  E  N  E  T  N  O  M  F  G  Z
H  G  W  K  L  R  H  O  N  I  R  A  M  N  A  S  N  M  V  E
M  B  I  E  Y  G  F  Q  E  S  O  V  A  I  K  A  V  O  L  S
P  U  K  B  D  Y  L  J  G  A  P  D  L  A  R  O  Y  L  L  D
V  G  H  C  R  E  W  A  R  Z  A  A  A  B  Q  E  W  U  W  D
S  Z  M  R  H  A  N  R  M  A  T  I  H  T  N  I  N  X  L  L
A  F  B  V  M  K  L  K  N  V  I  S  N  I  L  V  I  E  A  L
H  U  N  G  A  R  Y  T  I  A  P  N  A  A  J  A  P  M  G  F
D  B  U  J  Y  L  Q  A  A  I  M  R  E  R  M  R  M  B  U  N
Z  G  Q  E  M  B  Z  C  T  R  K  F  P  V  Z  O  D  O  T  B
B  A  C  U  Q  C  J  A  E  U  G  Q  O  Y  O  Y  R  U  R  Y
S  B  I  A  G  Q  L  L  S  S  E  K  A  E  N  L  X  R  O  G
M  M  P  H  I  Y  U  V  J  W  T  Q  P  U  L  G  S  G  P  C
M  U  E  I  C  N  M  B  L  I  T  O  S  Z  B  S  Q  Q  P  V
U  E  I  P  W  E  O  W  M  T  V  D  N  S  U  Q  I  A  F  S
L  C  M  G  D  H  Z  D  H  D  G  P  X  I  J  Z  K  S  E  K
Z  E  G  B  L  V  N  C  E  R  E  W  M  J  A  Q  X  R  F  F
I  E  O  Z  P  E  C  Z  N  C  Z  S  P  A  I  N  B  M  P  C
G  R  E  D  J  H  B  V  K  O  A  K  U  F  L  I  K  R  U  E
U  G  S  U  R  A  L  E  B  K  V  M  F  G  A  Y  S  Y  P  D
```

BELARUS	BELGIUM
CZECHIA	ESTONIA
GIBRALTAR	GREECE
HUNGARY	ISLE OF MAN
ITALY	LATVIA
LUXEMBOURG	MACEDONIA
MALTA	MONTENEGRO
PORTUGAL	ROMANIA
SAN MARINO	SERBIA
SLOVAKIA	SLOVENIA
SPAIN	SWEDEN
UKRAINE	

AFRICAN COUNTRIES

```
T W N W Y J H G J L G U I N E A Y O A V
B L V D Q E R I T R E A C D C I W S P T
W U D F S N P K W H S F I G Q T O H L A
R U R M L P O I Q I H G H A N A U B K N
F V B K E O H B W V V R G H X M A Z R Z
E E D M I O V M A D A G A S C A R E X A
V W U B E N I N S G X B E C Q U Z L G N
E I B Q R F A I S I N U T L Q U A N I I
T W Y A I A R F I F B R V A Z J R U I A
H A X W B B B D A H N U Z W Q A I I W T
I L R N C M M O J S B N L A V E G Y P T
O A D W G G I A T P O D L M M L G X F L
P M G X I L H Z Z S O I A G U B A J R C
I N A X G N S L H O W G Z M P D I V B R
A K M X O D C P S H M A O B D L Z A O X
M J B B P P Z C F S A H N T Z Z F P Z X
A R I J M A U R I T I U S A U Z Y L H E
L M A M N Y R A I N A T I R U A M N W F
I X Z F S O C C O R O M K K E C E S X H
M S G X W E A S I N I T A W S E N W Z B
```

BENIN	BOTSWANA
BURKINA FASO	BURUNDI
EGYPT	ERITREA
ESWATINI	ETHIOPIAMALI
GABON	GAMBIA
GHANA	GUINEA
MADAGASCAR	MALAWI
MAURITANIA	MAURITIUS
MOROCCO	MOZAMBIQUE
TANZANIA	TOGO
TUNISIA	ZAMBIA
ZIMBABWE	

ASIAN COUNTRIES

```
V S D V Z K B H N E M E Y P K Y K I P T
O P U Z B E K I S T A N P R S M G I S F
V A N R S V H M T T Y R Y S J V I B D E
W A X F Z Q W A Z E R B A I J A N A E P
C J I Y A Z L N A T S I N A H G F A B
N D N B F H I A Q C L E B A N O N B C P
A A H H A P G O I Z F W N Q F A H P T Q
T E Z S M R E S X R A I N N H B T L P W
S R C T E N A K L W H F F Z P L P U E D
H O D I V D D I N C M K Y J R Z H N H O
K K Q D N W A A D A Q D K T U Q I R E B
A H Q P N D R L T U R K E Y N J L H F V
Z T X M K I O M G C A S H O C D I G O G
A R O J I S Y N N N K S K Q N C P L Z D
K O J S D A Q W E J A R Z A K N P U R B
X N C O N Q E Y U S V B L K R U I X F R
T B W M R S O E A B I I K H K N N M D C
S M A N H D A B Q J A A H P H F E U N M
V R A I D I A U F H R S H Z B M S G H R
N K M F Q W K N T Q M O N G O L I A O F
```

AFGHANISTAN	AZERBAIJAN
BANGLADESH	BHUTAN
CHINA	INDONESIA
IRAN	JORDAN
KAZAKHSTAN	LAOS
LEBANON	MONGOLIA
MYANMAR	NORTH KOREA
PHILIPPINES	SAUDI ARABIA
THAILAND	TURKEY
UZBEKISTAN	YEMEN

MEXICAN STATES

```
H L L S A P A I H C E H I D A L G O R E
Z O M N I S Y J V G Q T A O O S N R L B
S S A A P Y O V U E J A A G I Z H O K B
E X L W V B L N M G R W N X T X R O N A
Y Z B W K J N G O S A A W M Y E I A T I
X D E U B G S R Y R R V C Q R Y M X A N
K J U U H D A A B U A U U R U H A A U R
C A P I P V L Y D V V T E V U V O C H O
A L M O R E L O S Q K U N O I Z S A A F
W I M U J P D P W C G X W E P F G D U I
J S T B M C C O L I M A S K M I A H H L
F C K A K E H C E P M A C M M O H M I A
K O L R B J Z S C T J C S R L N B T H C
K C L Y D A R R C J I N L A A I L P C A
L J C E Y A S Q U X E R N T W J J A A J
V E H W Z W E C S H T I A J B S Y F Y A
X F J Y G C J H O T S C W Y C P S D K B
M A L I U H A O C X U C Y A A T R B M N
Q Q B N Z R F O C Y T N R D N N D L N E
I A F V J Q S A C E T A C A Z F F O D X
```

BAJA CALIFORNIA	CAMPECHE
CHIAPAS	CHIHUAHUA
COAHUILA	COLIMA
DURANGO	GUERRERO
HIDALGO	JALISCO
MORELOS	NAYARIT
OAXACA	PUEBLA
SINALOA	SONORA
TABASCO	VERACRUZ
YUCATAN	ZACATECAS

U.S. STATES

```
O F N Z U U H U M I S S I S S I P P I J
Q J P T H A V I K T U C I T C E N N O C
Y N W H L O N F Y N V C D E N O W A Y E
C U V X S D K X T B E P R M W Y K K P A
X R V K I R H F Y O R Q C M A U M S B T
U N K A I W R S N A M A K J S R F A A O
L B N F Q G E U Z U O R U C H E Q R I K
I A H W W Y H I T R N Q E H I O Z B N A
L A N O Z I R A T D T D G F N Q R E R D
L O B W W I S C O N S I N R G Y K N O H
I W K N E R W R D W Q A T X T F R A F T
N I D E I O W A E C A B S A O A B L I U
O C E I P S V X L E S N M N N D O Y L O
I A E K B F V E E S W O A V A U P J A S
S K D R F H U O W U Y F R T I K G O C W
G D X P R I S A A L O J B S N Y R U D E
D K A A K A A T R R M M I C Y O G A O E
F N Y K D F X X E U I A T S Q S M F Y U
Q X A X P H E W M M N Q J W U T V P J J
H B W O Q U T N B A G E T L R R K H O A
```

ARIZONA	ARKANSAS
CALIFORNIA	CONNECTICUT
DELEWARE	ILLINOIS
INDIANA	IOWA
LOUISIANA	MISSISSIPPI
MONTANA	NEBRASKA
SOUTH DAKOTA	TEXAS
VERMONT	WASHINGTON
WISCONSIN	WYOMING

STATES AND UNIONS OF INDIA

```
R C S X N A H T S A J A R U T G N C V C
H C H H A T T I S G A R H D I R X L Q L
S O S K E Z G V Y B T A R A J U G V E A
E A I T E D D G M L J G F N J U O U Y K
D B Q R R V T H T H Y J B L R S F C R S
A N V T L B I H A R K J F I G J M L A H
R Y I L U X G R W S O A Y M S N X V H A
P H G P M F K G N B S L Q A P D U H I D
L R J O K H A B D D F A K T Q V S F Y W
A A A B A J N U R Q N R W X E B A R S E
H G F N R W A C B E Z E U C P N V I Y E
C I D A N L Y U P X T K Z T A O K W R P
A D C S A W R T Q H G H Q G Q K I H R X
M N G S T V A Q A I F L N W I Q R V E G
I A Z A A K H N F G I A B M I J T M H W
H H I M K Y V Y K W L D A A V X R Z C J
T C P V A T U C Z E N A V C H X N E U H
F K N G G Q H T T X D K P Y S Z H N D K
M K T R I P U R A A O H P K I V C R U O
X A R U N A C H A L P R A D E S H C P Z
```

ARUNACHAL PRADESH	ASSAM
BIHAR	CHANDIGARH
CHHATTISGARH	GOA
GUJARAT	HARYANA
HIMACHAL PRADESH	JHARKHAND
KARNATAKA	KERALA
LADAKH	LAKSHADWEEP
PUDUCHERRY	RAJASTHAN
SIKKIM	TAMIL NADU
TELANGANA	TRIPURA

NATIONS CAPITALS

```
X R Y V U A A S J D P K L F I M N Q A B
S M Y A B U J F E L J R F D W O G U Y E
A H L L X Q X S N R S A L X V E D T A A
J H R K J P P A L W I V W O B W N W S A
M X Z L X S Y F P F O A I P R A G U E W
N M I G A B O R O N E T S Z I H Q T Y C
F M O U T U J J J B P A E O N D A I D S
A L S Z B U D A P E S T O G N X W B S R
D R J X C M I W B I Z L S T D E E P C E
N W J B G Q G D V S T Z L G N I U M Z I
M S C F J Y Y F A Z O N O Q J I R B H G
A L J S L U B A K K C B A P A H L B A L
J E L X A P V W Z V A S O Z Q Y S R R A
B S D H A K A E Q C K R A S A L P N E L
H S G B E J I N G I I C D N O O M O C B
V U U I J G I L O V G F Z V T F E E A Q
I R Y K N Z Z Q A M A H Y Z U I I R G W
W B Q N A F M Y Z U L G W O J R A A Y Z
P O H D C B A Q F X I C K M M M J G H T
F H D Q M A D R E T S M A K E Z G M O M
```

ALGIERS	AMSTERDAM
BAKU	BEJING
BERLIN	BRIDGETOWN
BRUSSELS	BUDAPEST
BUENOS AIRES	DAKAR
DHAKA	GABORONE
JUBA	KABUL
KIGALI	LIMA
OSLO	PRAGUE
SANTIAGO	SOFIA

CAPITAL CITIES OF AMERICAN STATES

```
K G K U W F F F O U L A N S I N G H T D
O L A N I E S L J V M B Y W K P M L O O
A T U O N S S U B M U L O C K M Z A I M
J V W A N S Z E N D I B G S O F C S D O
F N X A P F E S I T I Y G N T X F E K K
V F L C M T G E T P P P T M P O H A U I
Q W B E O K N L S U Y G H D H V N T O J
R D U M D L E I U S O S A O B D S L W Y
A O F B O R U T A M A N P B E E Y E K K
I V B W O K Q M E S D H V M O N N H V K
W E Z C K I Y R B Q Q V A A R V I S C B
F R K I R X Y B H I Q M L L E E X X H H
L M E R E F G A Q T A B L W L R V C E P
M V K W N F J O Z V A Z S U Q A E X Y G
I S P Q E V K D M N X D N Y O S T J E N
E I J W C Y G V Y N H Y L Y I A U H N K
M A T N A L T A F N O B L O D A O I N W
B S P R I N G F I E L D B L V K Z L E C
D R R L E D D E S M O I N E S V Q U H E
C C X F O T N E M A R C A S L Y O B K F
```

ALBANY	ATLANTA
AUSTIN	BOISE
BOSTON	CHEYENNE
COLUMBIA	COLUMBUS
DENVER	DES MOINES
DOVER	LANSING
LITTLE ROCK	MONTGOMERY
PHOENIX	SACRAMENTO
SAINT PAUL	SEATLE
SPRINGFIELD	TALLAHASSEE

CAPITAL CITIES OF AFRICA

```
T  Y  M  P  B  S  Y  B  Y  R  H  Q  K  N  R  H  M  A  Y  A
A  S  B  K  V  C  C  M  B  A  N  G  U  I  P  V  O  Y  C  N
J  L  L  H  G  F  H  X  G  O  M  V  D  A  L  C  D  W  E  T
U  Y  P  A  X  A  D  Q  P  V  U  O  S  E  Z  C  O  E  B  A
B  S  M  Y  E  M  A  I  N  B  V  A  U  E  W  S  W  Z  I  N
A  I  I  W  G  T  P  U  E  L  H  E  G  S  Y  P  V  B  U  A
U  U  W  V  L  B  Y  D  T  S  Q  S  Y  A  S  O  F  B  V  N
K  O  O  B  F  U  T  X  N  W  T  N  V  S  D  O  B  V  J  A
U  L  V  R  O  E  A  I  J  Z  E  J  J  A  I  O  U  C  D  R
Z  T  X  A  L  D  K  N  S  J  W  N  J  N  V  F  U  K  I  I
H  R  K  Z  I  N  M  N  D  I  N  D  O  U  I  R  W  G  R  V
T  O  E  Z  L  U  O  Y  O  A  T  R  A  R  Y  A  O  X  O  O
Z  P  O  A  O  O  X  G  Z  R  O  E  T  K  O  W  Q  O  O  U
N  O  H  V  N  A  V  I  E  M  I  C  J  U  A  B  E  F  P  S
X  T  D  I  G  Y  Z  L  F  U  J  A  W  J  M  R  A  A  X  L
V  U  N  L  W  M  U  Z  M  G  P  Q  C  Y  F  A  G  G  N  I
B  P  I  L  E  E  S  Q  A  L  G  I  E  R  S  E  P  A  I  D
R  A  W  E  D  P  V  O  R  Z  N  Z  C  A  T  M  D  F  M  R
Z  M  O  J  K  A  H  F  Y  E  B  A  I  I  N  S  E  E  S  X
X  B  M  W  Y  L  O  Q  X  R  W  Q  G  W  A  S  X  Q  F  B
```

ABUJA	ALGIERS
ANTANANARIVO	BANGUI
BRAZZAVILLE	CAIRO
DAKAR	GABORONE
GITEGA	KINSHASA
LILONGWE	LUANDA
MAPUTO	MORONI
NIAMEY	OUAGADOUGOU
PORT LOUIS	WINDHOEK
YAMOUSSOUKRO	YAOUNDE

CAPITAL CITIES IN ASIA

```
J D D K U W A I T C I T Y F P F X N S P
R J H C U F D D A B A M A L S I Z I P N
C H A W K H H J N E M K Z Q K T K H F P
T V K C W I P A T T P O I A D P N V L W
G J A N O O V M M K K F M X D O A Y U M
P K R P N E C A I D I H E M M U S D M E
Y W J U R D N S H H U D M P P U N N N L
O Q G E G A I N O N T K E A A A E A T Q
N U Y N M C N W O M L N H O M O I R L B
G M I A I M T D J J H O Q H L T Z N K B
Y I G C N S E I Y I D N T O N C T U J U
A L D M H A Q L S B I A I E G O A B A C
N D A H A E Y W A C K U I J K L I G U Y
G M U C I V F P O S R V U Y A C I P H R
J M U S C A T S Y D U K O L G B U B M U
H K U C D W I S J I A R U T J J Z A H Y
T B Y I A A I D U B D M E I D P N A Y S
C H B J W W P F O K P A H J J I D I V H
E G U H V P M Y Q U P U W C L X P M F D
W Z A W K V P N R M L M U A E H E G U T
```

BAKU	DHAKA
DOHA	ISLAMABAD
JERUSALEM	KATHMANDU
KUALA LUMPUR	KUWAIT CITY
MANAMA	MANILA
MOSCOW	MUSCAT
NAYPYIDAW	NICOSIA
PHNOM PENH	PYONGYANG
THIMPHU	TOKYO
VIENTIANE	YEREVAN

CAPITAL CITIES OF EUROPE

```
V B C U T P O D G O R I C A D G H X B S
S V I L N I U S Q J E V A D U Z W N T O
V R N K A L L E V A L A R R O D N A R F
J X A Z U Q T X Q S F V L R Q X A R G F
L Y V K F S I D H I L P W A C W J G H H
F E E Y Z A R P V B P O X S N X H J O N
Q F R W B W A O B Y G N G O T N G R H B
A R E K O A N M C V E T W F W R E Q S G
M A Y S U R A A W A A H Z I G O H I H A
S P X F R S F F N X N L P A Y X C M V I
Z B Q A Q A X P O I J O L P Y Y X S T D
F N R W M W D C E L T V M E V W R X O B
K B Z U A S Q S R V Y S N Q T M M A D M
F O E J S P T P A L X B I J N T O O A C
P I O L R S V E W O Z A G R E B A T S D
E B I A G J E S R N E O T H P L F W H L
V S G X C R O L I D A Y J U A J U H I J
K U T H G C A T S O A O A Y R E U S J A
E E E C T E Q D D N B M M I N S K R M T
Z Q N C Q N N B E B J Q A V V V C D B P
```

AMSTERDAM	ANDORRA LA VELLA
BELGRADE	BRUSSELS
LONDON	MINSK
MONACO	MOSCOW
PODGORICA	PRAGUE
PRISTINA	SOFIA
TIRANA	VADUZ
VALLETTA	VIENNA
VILNIUS	WARSAW
YEREVAN	ZAGREB

CAPITAL CITIES OF MEXCIAN STATES

```
V R E K Z G U A D A L A J A R A T S E E
O R H L O Q S V G Y C H I H U A H U A G
J Q R A C U L O T N E H A V U I C K T A
R K O P S K F Z F A T S K E Q X V P S G
E R P G Z Z J D C D O A M Z V R N X R U
H L P W N T O A R M I L G N G H I N J A
T L Q V M A V X R Y C T N Y B H K T B S
C Y G X H A R E W X Q I F L K L X J B C
V W T M N A H U I A I L E R O M S D T A
X C S R M A M Y D Z N L X V N I R Z P L
I S E I L O Q M E L Q O B U X D A W A I
L U L L A U E I Q R T E P I C P I F C E
C O I Y X X O B A I R D N X A U K K H N
C V U F I B I C L P B E N L Y R Z A U T
Q C X C T A A L G W U G T A A Q T Z C E
K M A A E X F D B N T E O N G L E K A S
L L H Z A C A T E C A S B W O H P C P H
I X I O F G R U A Q R E Z L M M H L I G
H O G N I C N A P L I H C E A G I Y R E
S E H C E P M A C O V L V R G S P V V Q
```

AGUASCALIENTES	CAMPECHE
CHIHUAHUA	CHILPANCINGO
COLIMA	CUERNAVACA
DURANGO	GUADALAJARA
LA PAZ	MEXICALI
MONTERREY	MORELIA
OAXACA	PACHUCA
PUEBLA	SALTILLO
TEPIC	TOLUCA
VILLAHERMOSA	ZACATECAS

PHILIPPINE ISLANDS

```
Q M A R I N D U Q U E W X P O Q O E M V
S N X H P V G E B L R P M G S N B L E F
H M V U A K K I F A O B T A O L X K K R
V B Z M L Z T E C T S H U M S R T U E S
O U U Y A S L E U K B I O S X B A W L V
I W U N W C X B D G U P L B U A A C E O
C Y M W A R E G G K I U E A A A P T R Y
I F F W N C U Z J F X L Y W N D N S E I
Z J K U Z L Q E J O L O T B I N C G R W
S T Y D O U D D C G Y A E N U D Y B A O
E V W T L Z K L C O A N A D N I M Q R R
N Z Q G L O G Q G G E G Y A R O L T C E
A W O U I N S I D N A V J A X O N M J P
U T Y I L R T S U T M Y E P R X C N I Z
D A N M O E F H A L U R A O Y M E V E K
N B Q A P B Y P S M C N D L F G G W U W
A L D R M Y S L I E A N C I R K R L M H
T A U A Z U C W Y Y I R O O Z T G Y T Y
A S G S E H L Q Q M V L S S Z I S F Y V
C B Y U L O C P T U U O H T B C M R X H
```

BASILAN	BOHOL
BUSUANGA	CATANDUANES
CEBU	DINAGAT
GUIMARAS	JOLO
LEYTE	LUZON
MARINDUQUE	MASBATE
MINDANAO	MINDORO
NEGROS	PALAWAN
PANAY	POLILLO
SAMAR	TABLAS

ISLANDS OF THE BAHAMAS

```
K G R R O D A V L A S N A S V S A R Z X
G R C C A Z E A E V P R O L G P L A C O
G E E E Z Y A N M A H A R B O U R O G J
Q A H T H I C D R Z O B S D G Y N S N D
B T N Y U T K R B I M I N I J C M M N S
F I U Y B P L O K R H P W L E O L O N G
X N X K A A I S N D O E C P O G B D I Q
B A D V R Z N V B C L P T R Z R H V E Z
R G L U R U S P L E H I E B B T A C J Q
Z U H I A W V B U E O S F I C K U B T X
X A A Q T F I T V N E V U D X G N F G K
E I J Z E T H N T R M S A C A A O C D U
T B Q U R E L R D A O C T B B R O B M V
B J Y K R Z O E M E Z S A O T X Z S D C
V J R A E S I D D I R C E U C W G O L T
L C S C S L A X E A O M N S D K N B R Y
Z Z M T X H T H O G R E E U B R I W Y S
C L U X T Z W N Y N G B N R I O H N V G
M Z V B T Z H M K W L A Y H E S C E G P
M S U M B S P Q Z Q S E R S B B C E V S
```

ABACO	ACKLINS
ANDROS	BARRATERRE
BIMINI	CAT
CONCEPTION	EGG
ELEUTHERA	FORTUNE
GREAT INAGUA	HARBOUR
LEE STOCKING	LITTLE DARBY
LONG	MOORES
RAGGED	ROSE
SAN SALVADOR	WINDERMERE

ISLANDS OF JAPAN

```
B K I W Z Q H A M I J E K U S T I M K H
I T K A N M U R I J I M A V A L H P E R
A G S I W F G A J A J I M A U A O M Z L
M A U U M H D D G T J L N W H O W M F D
I M N P N S G H S F F K C A J N C H X M
J I X I R O B U D V J M J D A O Q X I G
E H Y B S W S A Q W N I R M G T P M A W
S S I R V H V H J A M L I N P O S Q Z J
O O T K I X I M I A M J S M C J F F P A
N R K M J V P N S M I I W S D I O B M L
A U A X Z J A K O I A D H K S M L I X P
W K A S H I K O N S O A O S V A H F Z G
U N M R L W N V R O H Z A N U S E P F M
S I Z S I O P R J D U I X D E K Y O Y Y
B H L Q F A R Y W K T G M K Q Y U U N P
O P W Y R D D G U D D R A A R M N Y O V
N I C J Y R Y M V H C T G C N Z G Z C N
G Q L I T Q I X V O N A M I H S A W A V
U G O K W J U Y A M I H S U K A Y I F T
X C T O B I S H I M A M I H S U R A S M
```

AWASHIMA	GAJAJIMA
HAHAJIMA	KANMURIJIMA
KASHIKO	KOZUKUMI
KUROSHIMA	MITSUKEJIMA
NII-JIMA	NISHINOSHIMA
NOTOJIMA	SARUSHIMA
SUWANOSEJIMA	TAKESHIMA
TOBISHIMA	TSUNOSHIMA
TSUSHIMA	UKUSHIMA
YAKUSHIMA	

NATIONAL PARKS OF AUSTRALIA

```
M C T T K Q J X Y G R E A T S A N D Y P
X J X G G E K W H I T S U N D A Y K K E
M O F L Z E F O H B G F D I S J A X O F
O B O K I R S W O D K K D N L Y B Z S J
R L P K J T Q E U R H B I S A G R P C T
E C X E V N C O G I B A C L Y W N M I U
T P A J O I I H S N T G L V O C X L U G
O C U Z N A I F F N A E N M R W Z N S A
N V S R X D O D U I B R O I M V A G Z D
I T U Q N P K O I P E U S T R M A H K N
S K W W Q U M H M N T L E R B P J B O I
L Z R N A E L A D I I N D U E T S J F H
A B S N U I C U R V I J N G A D S E T B
N F Q L Z T U R L C H G I L M S N W O I
D F B G R K A I Y U X U G R Y K K I X T
S T S O I B F E A S Q D N W A Y O I L K
Y S P T L L R L F U T A W P C K C U V F
W V H A H F U L U R U K A T A T J U T A
R M K M C V W T K G R A M P I A N S U Q
I I D V T S I W R C I K S V I Z G C F X
```

<table>
<tr><td>BLUE MOUNTAINS</td><td>DAINTREE</td></tr>
<tr><td>FLINDERS RANGES</td><td>FREYCINET</td></tr>
<tr><td>GRAMPIANS</td><td>GREAT SANDY</td></tr>
<tr><td>KAKADU</td><td>KALBARRI</td></tr>
<tr><td>KARIJINI</td><td>KOSCIUSZKO</td></tr>
<tr><td>LITCHFIELD</td><td>MORETON ISLAND</td></tr>
<tr><td>NAMBUNG</td><td>PORT CAMPBELL</td></tr>
<tr><td>PURNULULU</td><td>ROYAL</td></tr>
<tr><td>SPRINGBROOK</td><td>ULURU-KATA TJUTA</td></tr>
<tr><td>WHITSUNDAY</td><td></td></tr>
</table>

NATIONAL PARKS OF BRAZIL

```
P M A P I N G U A R I F E T D K J B P L
A R R E S A D S O D A R A P A M E D K X
F O T N E M I R B O C S E D U M X S N Y
O K S A N A H L I V A N A G A J I O A C
L H A Z X X U W I L L R A S A A V N B H
M S I P M W X A Z X R Y X Q R O N J D A
M T A L C U H W B X T G E E J A S K N P
S D K R D I K O F M U D G X V V O P A A
Z E E P A J N I H A T S J O I G W Q S D
M L Z N M G U K R V O A N E U R U J A A
V I Y T U X U I E P H A C V M O S Z B D
R A H Q V K C A M L O T E J B W K R I A
J J B N F A B A I B L S N N X S V E T S
G Y R Z N W C S C A R M X I T J L V A M
W O T A Y A I L I S A R B T R F M L B E
O I Y E C A B O O R A N G E N A Z E U S
C A V E R N A S D E P E U A C U C A R A
T L Y A B R O L H O S M A R I N E A U S
P D F V A L T O C A R I R I B L V M J Q
O N E X I E P O D A O G A L P E M J Y D
```

ABROLHOS MARINE	ACARI
ALTO CARIRI	ANAVILHANAS
APARADOS DA SERRA	ARAGUAIA
BOA NOVA	BRASILIA
CABO ORANGE	CAMPOS GERAIS
CATMBAU	CAVERNAS DE PEUACU
CHAPADA DAS MESAS	DESCOBRIMENTO
EMAS	GUARICANA
JURUBATIBA SANDBANK	JURUENA
LAGOA DO PEIXE	MAPINGUARI

NATIONAL PARKS OF CANADA

```
D R R O A B A Z L Z K B U E E Q D H N R
N S Z Z L E C J Y K E N K N V U N T U T
D R M Y S K B A J M P G T P S A P I G T
Y I Z D E B G I K R L E U G K D O U R R
J D L H E X S I P F R J P O Y E I J A E
O I J H O W V X U R W R I R R S N V S B
E N H D M P L N A V E Q S F H I T O S L
I G K N U E D N B I T U F N W V P H L A
J M M A H Y O A C W G N X D O V E O A E
K O X L P V K A D D A R W E M A L Y N C
M U E S A A L G C B N R O R C V E R D N
F N B I F G C Y B O M L Q S K I E R S I
E T Z K U Q A I L Y M I B R M K G K B R
L A G L B N T L F S N G O J G O K O O P
T I T E E Q I D M I N B T V A M R A L V
K N M T B R J H E A C G F D R S Z N Y U
K A O M O N N A H A N R D B T F P N E L
M O O F F Q A E D L E G I E Y K V E X F
K P U K A S K W A U D S X M L T R P R H
E T U F U W I D H J W O X E H C C Q T J
```

BANFF	ELK ISLAND
FORILLON	FUNDY
GLACIER	GRASSLANDS
GROS MORNE	IVVAVIK
JASPER	KOOTENAY
NAHANN	PACIFIC RIM
POINT PELEE	PRINCE ALBERT
PUKASKWA	RIDING MOUNTAIN
ROUGE	TERRA NOVA
VUNTUT	YOHO

NATIONAL PARKS OF COSTA RICA

```
M M S G J S E L A Z T E U Q S O L T E N
T O N A C L O V L A N E R A Y F P X M T
U J A S D N A L S I S O C O C H R E Q E
R U R P I E D R A S B L A N C A S M B N
R J F E S U Q D A E D R E V O L A P A O
I A W Y V Y Y T O R T U G U E R O H L R
A Z F G N A S O R A T N A S O D A H L I
L A S X R W J U C G R L J U D I D D E O
B A T W C Q H P F A S A A L A A I J N V
A A Q I T M D E O Y E Q R L V J N M A O
V J R U U L I A O W U X C A O E L F M L
O Q J B G H A I R H D F M S C R F A A C
L T B F I T A I T N A P A T R G Z L R A
C S Z T C L N C M S X J K F O N X A I N
A I R T Q P L X M U S V A F C A B P N O
N T U Q E T S A C A N A U G B C L X E H
O T O C N A L B O R T S A C N A U J G O
X O Y R Z Y I Z C H A A X D G L C H Q Q
T A H Q W X X L Z B A R R A H O N D A W
S Z B O L L I R R A C O I L U A R B F V
```

ARENAL VOLCANO	BALLENA MARINE
BARBILLA	BARRA HONDA
BRAULIO CARRILLO	CAHUITA
CARARA	COCOS ISLANDS
CORCOVADO	GUANACASTE
JUAN CASTRO BLANCO	LA CANGREJA
LOS QUETZALES	PALO VERDE
PIEDRAS BLANCAS	SANTA ROSA
TAPANTI	TENORIO VOLCANO
TORTUGUERO	TURRIALBA VOLCANO

NATIONAL PARKS IN EUROPE

```
P W U T C W D U N E S O F T E X E L U A
S A X O N S W I T Z E R L A N D G H V I
M V A L G I R T P I M F L O W Y A M F S
O F O A Q D N G W N R E U A T E H O H E
U M J O T U N H E I M E N S Y C E O A N
I G Y M Y G K E T X S A O E H I P S Z U
W O C J N Z P G J S S U N K P V P I E L
S M R O G N R I A C L R O A R B F D I L
K G U V F I V E R A A C E L G I Q A W E
D X U D C V K E N L T E Z E S P P R O B
O U A K Q Z K K L N B V J C A H K A L I
B V R J H W A I X V K J N I R L G P A T
B C N M F F K Q M Y Q W O V E B D N I I
F G B U I Z Z K A Y W Q C T K B U A B M
M I K C T T O N A G R A G I Y T B R O O
O M B H P U O F E G Y F R L U C T G W L
C Y B D Q J N R N Q L J T P R K Z C V O
E M Y X E A W B A Y A F N A M I T A H D
P E M B R O K E S H I R E C O A S T M C
I T C I R T S I D E K A L V A B B O I W
```

BIALOWIEZA	CAIRNGORMS
DOLOMITI BELLUNESI	DUNES OF TEXEL
DURMITOR	GARGANO
GRAN PARADISO	HOHE TAUERN
JOTUNHEIMEN	KILLARNEY
LAKE DISTRICT	OULANKA
PEMBROKESHIRE COAST	PLITVICE LAKES
SAREK	SAXON SWITZERLAND
TIMANFAYA	TRIGLAV

NATIONAL PARKS OF INDIA

```
S R I V E N K A T E S W A R A K M V A V
A D I B R U S A I K H O W A L L F F R L
H M S A D D L E P E A K K Y B H W I W S
D D O T Q B C J O B P V W E E C H Q U O
R E S U I W V A P T L X T D J W C I M U
A G H P N Z U U M E P I S J D Q S L Q T
N H N I F T A G Q P X A W K I Q A E H H
I E G I N A H O S V B J P A C F N U M B
J J V Y L G A A M O Q E J I J U N H F U
H B Y S Q U P A R E H N L T K C P A D T
A A G X A X O A N R Q A S L J O H X K T
N H A C N N V M R X I M Q B B P N A C O
S R L J Z S A T J K F E N W A A Z D C N
I V A L U K P M G E A R T D U I Y I A I
M I T M A N O M I A R I M M R I Y J H S
A S H S B Y G B J N Z A D A Q G Y V X L
R Z E A D N W L P J N C N Z S G H Y L A
I K A W A H C J B H D G Z K W J W X P N
N Z G O R A J I V G A N D H I A G L V D
E L T L U K A N G E R G H A T I B Z C C
```

CAMPBELL BAY	DEHING PARKAI
DIBRU–SAIKHOWA	GALATHEA
KANGER GHATI	KAZIRANGA
MANAS	MOULING
MOUNT HARRIET	NAMDAPHA
NAMERI	PAPIKONDA
RAIMONA	RAJIV GANDHI
RANI JHANSI MARINE	SADDLE PEAK
SOUTH BUTTON ISLAND	SRI VENKATESWARA

NATIONAL PARKS OF INDONESIA

```
M D S B D G P N U I N M V J D J O T Z V
H G V Y D K R C Z O N D W W P B L D T O
M N I W G H V Q L N V G G A Q S Q A A G
G I S W A N I U A O X O W R W Q W P R M
N T F G H S K O I Q J G O M O A Y K A U
A U S U V G U G K T U D N E J Q K B B R
R P I N N Y B R Z I O B B N K Y E O I A
A G S U S G U R T M E G U U B L W T L T
T N R N U X I A O K H M H E M R W I A N
N U X G K B R K Z Z I W T A U H B L B E
E J J C N T I Q G R T U K P G O A L Y S
M N M I Z H T Z A K N N S U T Q S T U U
N A G R A U E K E G L A E A B A M U H A
A T G E K S B D K T L N K R B T O G C N
Y V L M X L U E L A E A N A O N R N D A
A M Z A T V R E R P W B N X M L X S E D
K I Z I C I E E M Y I G T F M N K Q C U
T K X U H G M H C J A J V Z N H P L O M
M B W U P G R C F U Q T Q I Z V E X H K
R L N G U N U N G R I N J A N I N I Q J
```

ALAS PURWO	BALI BARAT
BETUNG KERIHUN	DANAU SENTARUM
GUNUNG CIREMAI	GUNUNG RINJANI
KARIMUNJAWA	KAYAN MENTARANG
KOMODO	LORENTZ
MERU BETIRI	SABANGAU
TANJUNG PUTING	URUNG KULON
WAKATOBI	WASUR

NATIONAL PARKS OF ISRAEL

```
I  J  F  U  S  R  A  A  I  N  O  L  L  O  P  A  G  B  H  B
Y  B  P  L  I  H  A  T  E  E  V  X  K  K  E  J  L  E  D  B
S  A  I  N  X  R  I  G  T  Z  J  M  J  O  N  E  T  N  L  E
W  H  J  I  D  H  O  V  R  V  N  S  S  Z  R  B  B  G  C  I
S  S  L  H  M  C  F  P  T  Q  U  G  M  M  R  A  Q  U  T  T
L  O  B  C  A  H  V  C  P  A  K  J  N  K  G  Z  Z  R  U  A
A  L  W  D  M  A  S  H  K  I  C  M  O  V  Q  A  Q  I  T  L
E  H  Z  O  S  N  S  I  N  Y  Z  T  K  J  T  N  A  O  M  F
H  S  A  U  H  D  O  T  H  M  M  Q  R  T  H  N  X  N  B  A
S  A  U  Q  I  M  A  M  Q  K  O  D  A  R  A  L  E  T  D  S
Q  H  S  B  T  D  C  C  L  G  A  U  Y  V  S  B  H  O  U  Y
O  N  S  Y  V  X  X  L  Q  A  G  L  N  W  V  R  R  M  B  N
A  A  Q  A  K  A  Y  V  E  O  Z  P  T  T  R  N  K  B  E  A
P  G  N  X  C  H  C  G  B  T  E  I  Q  Y  C  P  A  Q  I  G
J  I  E  K  Z  V  N  Q  B  J  S  Q  D  B  P  A  P  O  F  O
E  T  C  A  E  S  A  R  E  A  A  A  K  A  B  C  R  Z  G  G
L  U  N  I  O  P  G  D  L  J  A  M  C  O  W  S  S  M  X  U
P  A  M  I  J  Y  E  L  L  A  V  H  A  L  E  Y  J  U  E  E
C  U  A  H  D  B  A  Z  H  U  R  S  H  A  T  T  A  L  I  L
T  X  Y  W  H  H  C  A  E  B  V  I  Z  H  K  A  A  F  E  N
```

AKHZIV BEACH	APOLLONIA-ARSUF
BEIT ALFA SYNAGOGUE	BEN-GURION TOMB
CAESAREA	CASTEL
EIN AVDAT	ELAH VALLEY
GAN HASHLOSHA	HURSHAT TAL
KORAZIM	LAKHISH
MAMSHIT	MOUNT CARMEL
SHIVTA	TEL ARAD
WADI ZALMON	YARKON
ZIPPORI	

NATIONAL PARKS OF THAILAND

```
R Y A L L A F R E T A W G N A Y I U A H
S G N O W E A M N Z C G D P D O Z D C D
S E B P Z N L C E G X H G A D E T O H X
T V R C K O P W M Q V T D N F X I I E R
B Z P A P S P E X F K O I G P M A S T Y
A N W W W E P G B H I L L S F C X U S C
D G Y B O A Y M V I M M H I S B M T A P
B F N P D H N N N D A G O D D Q V H O H
M D T G H C Q T C H Y N W A N X K E N U
W A Q K N U H X K X D O U A A X A P O H
F Q E Z O A P U G N B H X Y L V E P I I
F J W W N L H H L V R T B N S T N U W N
E D U O A P A P A Z E G T O I L G I A R
R C N O I N D N O T O N C T I U K B T O
W T P O A A G Z T A H A E R H W R D E N
U Y D C K Z C M N A Q O Y A P Y A Z R G
X T S E D T U M V Z Z M E C I Y C M F K
O L P W W J A S R M U X D P H V H C A L
J A Z D H N J K U I B U R I P O A P L A
W N E U D R A K U H P L Z X V O N L L Z
```

ANG THONG	AO PHANG-NGA
CHAE SON	CHET SAO NOI WATERFALL
DOI INTHANON	DOI PHU KHA
DOI SUTHEP-PUI	ERAWAN
HAUI YANG WATERFALL	KAENG KRACHAN
KO LANTA	KUI BURI
MAE WANG	MAE WONG
NAM NAO	PANG SIDA
PHI PHI ISLANDS	PHU HIN RONG KLA
PHU KARDUEN	PHU PHA THOEP

NATIONAL PARKS OF THE U.S.

```
T Y E L L O W S T O N E E I T C E P G G
N E L G W S N I S A B T A E R G S L B Y
I V F E E R L A T I P A C N D E A H E M
A N O R T H C A S C A D E S D C H L A C
T A L N M A X Q A R H K Y A I B L K B Q
N P F B A E I U P B T H L E J A V B R H
U P U O H A I D A C A G R M V L D R U A
O Y E J V Y I E B I R B F H C Y Y Y T W
M S O A B N B B K E A U T O D N A C J A
Y P B S J P A F V Y S A N U A N I E R I
K O R Y E D A E V G E O A A V O O C T I
C I J N L M M V Q D T C L F B B H A K V
O W P A Y B I G B E N D O Z J E H N P O
R G N W W D Y T T S F U L N S C T Y N L
Q D W L Z E D D E U P P Y N G A F O K C
S O K V G M N G T L J R M O M A G N X A
N D O V P A Q Z D F O D P V P R R W T N
H F I N R G H L R P W J I W H R E E U O
D G R G E T Y I E Y A X C L K R F S E E
G U I N G G R A N D C A N Y O N F A Z S
```

ACADIA	ARCHES
BADLANDS	BIG BEND
BRYCE CANYON	CAPITAL REEF
CONGAREE	DEATH VALLEY
EVERGLADES	GLACIER BAY
GRAND CANYON	GRAND TETON
GREAT BASIN	HAWAII VOLCANOES
NORTH CASCADES	OLYMPIC
ROCKY MOUNTAIN	YELLOWSTONE
YOSEMITE	

NATIONAL PARKS OF RUSSIA

```
N R R K O Y H O R O D S K Y M S P Q D F
D O O R L O V S K O Y E P O L E S Y E K
R U L E G Y O K I H C L O C S V B V A H
A S O I F S J L H B F D T D G N P C I I
P R S B U Z U L U K S K Y B O R U W M B
O A I N I Z H N Y A Y A E F D R K E S I
E L N B J M A A J G K L X E O S S S A N
L L Y K A L E V A L S K Y N D H L W L Y
E I O F V F J A V S M Z I O C U K C A Q
H P S Y E N X B X B P A V H F O Q B I R
T A T E T Y X L E Y N O Y A D H Z V R O
F N R N T J C R K S L O V N F R O S A P
O E O V Y Q I S P S R Q M X K K U L H Q
D L V C Z N Y I I A E D S I R V A V G W
N T V O G U T K K Y L A T Y K N E H N R
A Z Q I Y K N H H P S E T T I T Z G Q R
L X A N Y Y X Q B R O B X Y B V G Z W J
A G A T K Q Y Y C Y I U A R Z V R F H Z
T Z Z P R I B A I K A L S K Y K Z F D B
E A R D O H C Y I R A M U H R F R Z I J
```

ALANIYA	ANYUYSKY
BERINGIA	BUZULUKSKY BOR
CHIKOY	CURONIAN SPIT
KALEVALSKY	KHIBINY
KISLOVODSK	KOYHORODSKY
KYTALYK	LAND OF THE LEOPARD
LENA PILLARS	LOSINY OSTROV
MARIY CHODRA	MESHCHYORA
NIZHNYAYA	ORLOVSKOYE POLESYE
PRIBAIKALSKY	SALAIR

NATIONAL PARKS OF ZAMBIA

```
Y N E V A W G N A U L H T R O N B K I E
L I I C Z R B X O W I Z U S U K U L T B
X A I W O K L T P Z B C A V S K Y A R A
C L S Z Y N V A P M T R H O F E W O V G
T P G Y E P K K V Q Z G X M J G I U U Z
W A P I M W P I P U N V B V N W X R Y F
L G W T I L G X Z S S V H A L I M A N W
A N H G W R B N F E K H U B A G A V O O
M E D Y N N A D A R B L I E R W J N O N
K S C Z U A D P W M T M N H U N U I G A
A U E E Z B U X I S O Y A I F I D H A G
F L V S B D A L E T I I L Z Y W I C L N
U B C N V M A W H K N E S G R G W O E A
E I A C S B A C A T P A J B D E T L U S
R M Y K Q U N U B H U M W R I J W P L I
T P P P A Z M K L J H O E U F M N O B R
K A L F S S P B M G J O S Q R M I P L H
Z P Y I C S U S U M F T X K A E F O Q J
J Y F S G U V L E U L A C H G E W E A G
M Q O K B A K N A S A K S B D N M M T D
```

BLUE LAGOON	ISANGANO
KAFUE	KASANKA
LAVUSHI	LIUWA
LOCHINVAR	LOWER ZAMBEZI
LUAMBE	LUKUSUZI
LUSAKA	LUSENGA PLAIN
MWERU WANTIPA	NORTH LUANGWA
NSUMBU	NYIKA
SIOMA NGWEZI	SOUTH LUANGWA
WEST LUANGWA	

MOUNTAIN RANGES OF AFRICA

```
U M P Y C G C V Q C X T U X K B E X M T
P Q Q F I U R U S A M B A R A W K R Q O
M S S R C T A D R A T A C A C U S M C E
A Z P H V F Y S W A R T B E R G D L G A
R B H B F J I T S E B I T C P X C P U S
A D S L I J G K X F C D S A W U U J J T
D U Z C D I L H J C G E V I T D N N Y E
N U L U G U R U Z N D M D C L L N B W R
A Q D U O A N X X K M X G E Q O A W Q N
M N R Y S J O T M G C D I F R L G S T H
E T G P K U B W I U F I I K M B H R O I
R X N H I A V P D A A R K W S Z E B Y G
E L S C L M R Z V B P O E U L B M R N H
G X E E Y A U E E F H Z Y K K O E I G L
N I U P M N B R O D L N W A B M T A V A
E U J C G I D E Y O Q E I E H V B J D N
P M L W B A E B O N C W L A L M N X L D
I Y A E R B L N I L S R T O C D O D L S
K G G E X I C O U T E N I Q U A K C V U
U F L L H G C S B S U X R L P F R U O X
```

ABERDARE	AHMER
ATLAS	BALE
BLUE	CEDERBERG
EASTERN HIGHLANDS	GOLIS
KIPENGERE	LEBOMBO
MANDARA	OUTENIQUA
RWENZORI	SEMIEN
SWARTBERG	TADRAT ACACUS
TIBESTI	UDZUNGWA
ULUGURU	USAMBARA

MOUNTAIN RANGES OF ANTARCTICA

```
J R Q Y P R T A H T L H O W N X M Y E N
R I Q I T P V N E M I E H L U B M I F V
H M V C S R P Z S Y E C B F D E V B E O
K U Y A P Z G A G S R E T R O P P U S S
I L G U W F L F I S S A M G R O B K Q O
S B D H S V Q G Y E A K X M M V A O U N
F G W E E A L L A R D Y C E I Q E X E O
S X H S W S E P E N S A C O L A Z M E M
B F E Q B U A A R G N A T N K S B N N O
Z N M K F G I W Q Z W P N O D A L U F L
H V F T A X E C U E R A L T A H W Q A K
N Q A N J K L E U X M J Y K E E O Z B Q
F X T O C S Z X P G E T K B W R F B I Y
G B E R I U G D U S U F J N O K M X O Q
S M V F H R N R O N B E L G I C A N L N
J D G E T F B L R W A P Y Q X F O G A B
D G Z M O U V A R I S T O T L E F F B M
D P H I G A I M E O N V S T R I B O G C
S E F E Y T R A N S A N T A R C T I C Z
B T X H G A C E U R E B M P D X N Z H D
```

ALLARDYCE	ARISTOTLE
BELGICA	BORG MASSIF
BRUGMANN	FIMBULHEIMEN
GOTHIC	HEIMEFRONT
HUGHES	IMEON
LOMONOSOV	PENSACOLA
QUEEN FABIOLA	SALVESEN
SOLVAY	STRIBOG
SUPPORTERS	TANGRA
TRANSANTARCTIC	WOHLTHAT

MOUNTAIN RANGES OF ASIA

```
N Q M K E E O T L S H Z W F V C V X O O
W N L N Z C P U Q P G B R Q P Q R C S A
L Q N W N A G N I H K Z H O R P I L E C
R K N U C K L E S D E M N H B W L J L K
C U F R F R D K V C Z T U L F L Q F A U
A O I C B O Z E O B F H I W I S A Z B K
R Q A R T G K Q G R A K U M A Z K T M S
A I R O I I I M N A Y R Y G A U S X A E
B J A C J M X G Y R D A I K D N S G Z R
A E V K L T N H A R A Z K S S Z N I B D
L E A E L E A Z L Y T P H M A R H A M A
L Q L R X Z M C N Z Y U I A F N E U X M
O H L R H G R R W T E K B T C A O H R A
Z P I C Y Q I E A D C E I A J A I D C R
H N N B B G D A F C V I N U S C U E Q R
W N D N U X U L S L T W S R N A Y Q V E
E C V M U V S F A L K R K U U F Y W Y I
B J U D A E A N Q A H Z Y S E I R N H S
B G U H V E K G Q N A P I S N A F Q V M
F C M G L P Y W Q V B U B X P D C D B E
```

ALBORZ	ANNAMITE
ARAVALLI	BARISAN
CARABALLO	CARMEL
CHERSKY	CROCKER
DZHUGDZHUR	FANSIPAN
HARAZ	JUDAEAN
KHIBINSKY	KHINGAN
KNUCKLES	KORYAK
SIERRA MADRE	SUDIRMAN
TAURUS	ZAMBALES

MOUNTAIN RANGES OF CANADA

```
F Q G C L Y X P H Z D J P P L K K Y I Z
Z A S W W A I N N A T I R B Z I C T E I
I E D H R Y Z Q I I O D R C B M U R M B
R K V O Q F T W K M H M L S L I E O E R
B D F A T O Y I N A S P N V O V Z F I U
D Y C E M V P J A H D W A O E M G U Q C
O Q S V Q D Q R H N A C V L F U B A Q E
F B O N A N Z A Q N B P I C W W A E L M
V M R E O F N Y K P O T F I O L C B U N
B A E Z R W A Y J C N M N C S A D N W O
Y D D O M Y W O H A S G L E N F A Y M T
Z A A K Q L D H C I L D K A Z V C L D G
L N L O N V B U V E B J D A S A L B W N
W E L O M A E X F A G I D N M G R R A I
P Q A T Q E K I J U A A O E N I I O S N
Y C W E N J E L W N M I R K T P X B P N
U D D N L L B L U A C O D I Y V X E Y O
X F A A D X T S N S N I S E O H W I U B
G Y C Y J H S T Q N A H K O K A N E E H
D T Z B Q R D Y C L I O K C W J V M K D
```

ADAM	ADAMANT
ALSEK	ASULKAN
BADSHOT	BEAUFORT
BIG SALMON	BONANZA
BONNINGTON	BRITANNIA
BRITISH	BRUCE
CADWALLADER	CAMERON
CANADIAN	CANTILEVER
HANKIN	INGLEFIELD
KOKANEE	KOOTENAY

MOUNTAIN RANGES OF EUROPE

```
U B G E N N A R G E N T U F W F R I V J
S B W W S H E W Y N A K L A B M S I R I
F R B S C Y S K A N D E R B E G K I C W
K B E H N A I H T A P R A C K F B A F U
G L C D S E D I L E R A K R S F I A J E
B Z A A N P A M A S S I F C E N T R A L
Z L P P N O P L J P F D Y I M G E A F P
N S A I E T G O P V W E W J M L M H Y S
X A E C N N A O K S H L G V J C O R U P
U S I N K D N B R S E E N E R Y P P W N
S D U V Q F U I R I D C A G A B M W S G
U D V S A D O S N I E D F W D Y D O A F
E T B N A N Y R P E A H O N L I V R T B
R K E N I C I D E W S N Q O N W U R P T
Q O D G A N U D H S S U Z A Z J M U B R
D O V U T F F A N A T O R O T W E J I U
E H R Z Q C V P C A F I E K F B Q D K N
G D U J C H M T P Z C I R E L A N D H S
S P T I N P T A S Y W S F N Q E Q N Z C
J D T E E P O D O H R A L I R S V V T B
```

ALPS	APENNINES
BALKAN	BLACK FOREST
CANTABRIAN	CARPATHIAN
CAUCASUS	DINARIC
GENNARGENTU	IRELAND
JURA	KARELIDES
MASSIF CENTRAL	OLYMPUS
PINDUS	PYRENEES
RILA-RHODOPE	SCANDINAVIAN
SKANDERBEG	SREDNOGORIE

MOUNTAIN RANGES OF GREENLAND

```
X E I Y D I D R I K P I N I N G T D B F
C E L L A H A W H T P F A P N G C H J F
X T J J L S H N M N O S J F R H O P B J
A Z E G W I V O K M W L A C R O I X M
K E X S A H T R L D F G U T Z I G V X H
P N H J I X P M S N K K R X S T P K H A
J L A J I O L Y M B A R T H G C V A X S
N R A L U E L I Q A E M Z M I Q C N E E
S A R T J Y W L A F R W S R D R S G M G
W T G H Y X B L I L H G S K T P F E V A
Z O D P J Q L I H L E L I O S U B R S R
V P R O B E H G E M Y P F E B A A L Z B
F K L N M W R K M L W P H E S X K U T V
Y Z G A S E Y Y K Y O C V A R E T L Y B
N N N W B K L R C Y O B E J U Y C U S U
S D O D J T H D G F D D K O L G C K X Q
K O N M B P L B I M V M M A D J G V E E
E I H N E S S U M S A R D U N K Q T H S
L K L A P L O Z O E N I R D N A X E L A
N X L C P E R Y R N U C Z U C W Y D O Q
```

ALEXANDRINE	ALLEMAND
BARTH	BRAGES
DALY	DIDRIK PINING
FYNSKE	GIESECKE
GRAAH	HALLE
HAUG	HEYWOOD
HJELM	KANGERLULUK
KNUD RASMUSSEN	LACROIX
LEMON	LILLOISE
LINDBERGH	MOLS

MOUNTAIN RANGES OF THE UNITED STATES

```
Q S P X Y H A K B B Q J R H J R D J S O
L C U O P A G R F G K U L Q D P Q E D Y
A V T U C K L V B T J S H Z A U O J K S
R L M D R Y O E E U D H K V X Q J L C D
E I G Z I T Y V U I C P B O P R V I E A
N T D B C I B E Q T P K A X O K F L K Z
I T S A K C P T L K I X L L B R A S L Z
M L N W E P U L W T Q A K E J M B L S W
C E C E T V A J N J S G N F A J O W L L
I R H F Q Y C X Y Q A A C R T Y K Z L Q
P O U R U T H H B H L W C U C C A L I X
M C G Q A G A N B A N Y M H A M K L H Z
Y K A J B C A P I T A N I D E L E U K P
L Y C Q S I F D W O P N N T A S X B C A
O R H R X V N A I E A O A M P G C F A R
J B E A R S P A W T R C A O R V X C L S
K A R L T N L L I I O T V Q O A H B B O
N T D I K K Z B D M H A S O G R A M A U
F K X K R A B A E C S T O Q U I R R H Y
V K P W R E X T M C A T M Q N Z E G O K
```

ADIRONDACK	ALEUTIAN
AMARGOSA	ARBUCKLE
BEARS PAW	BLACK HILLS
BROOKS	BULL
CAPITAN	CASTLE
CHINATI	CHUGACH
CRICKET	DELAMAR
KLAMATH	LITTLE ROCKY
METACOMET	MINERAL
OLYMPIC	OQUIRRH

RAINFORESTS

```
A Z Y S O U T H E A S T A S I A N T U E
O E P A C I F I C T E M P E R A T E V V
M O B X O Y U N Z A P O L E G G C A A R
T K O A R H R T I A U B C B U R P S L E
U R S B X S R G P L E U S X Y K H T D S
S A A O R A U U K O A G G V U B U E I E
I P W D P R A M O N Q U E L U L I R V R
N L A K E V A J S G X A N R X I W N I S
H A S P L K U Y A L H D R N W G D A A N
A N B Q A M A Z O N L T Z W P F P U N A
R O I P P G Z V W M N S E H F V W S T B
A I O H N A I O A T O Q G E V L B T E R
J T S S N F Y G G M I N V N R K L R M A
A A P M U F F U A N X N T H R T X A P D
F N H P M X W E S I O Z Y E V P N L E N
O O E F F D P N N Q K C D Y V O G I R U
R P R Y V I Q B H J Q W R F L E Q A A S
E A E G A S H P S L U Z O N X D R V T D
S S S T Q X D U Y I T U D O W N U D E V
T V G I U N O E E W A O K F H O H R E A
```

AMAZON	BOSAWAS BIOSPHERE
CONGO	DAINTREE
EASTERN AUSTRALIA	HOH
LUZON	MONTEVERDE
PACIFIC TEMPERATE	PAPUA
PERUGIA	SAPO NATIONAL PARK
SINHARAJA FOREST	SOUTHEAST ASIAN
SUNDARBANS RESERVE	VALDIVIAN TEMPERATE

MAJOR RIVERS

```
K Y O E Z A L C X S M T B O L O U A U E
P X W B S E P U R U S S R T I O R W U S
F O I N H Y V D W I V U T T I X E M F S
Z M S N K B A S F U I L A O U Q G Z H Q
B P S R D N E E J D L A S W W M I L O G
M W R T U U I P S G Y X I A R V N G N G
Q W E B K M S I Z M U T R L F G M W J W
R S E H Z P S K I V Y Y G J J M K B H O
N M E K O N G S Z S O Z I J R I J V J L
R O G S S L S O S O V L T O V V L L P L
V C C A O O O N W O N P A R A G U A Y E
N F H Q U V U C L O A D T Z S R N F Q Y
I D J R F R F G Z B J F G V H O C E C H
P Y I P K W A A V U L Z O S G G Z Q T T
D S N I L E M F H J C Z Q C E N I F M G
R H I N E A Y I X G T T N I H O U M S A
U W O E Z I W T Z S X T O C Z C X G M N
M M I S S I S S I P P I K M N B B Q D V
G V E D N A R G O I R Y U P W O M Z D E
Y S V G U R O P P Q L A Y X J S X C C L
```

AMAZON	CONGO
DANUBE	INDUS
MEKONG	MISSISSIPPI
MISSOURI	NIGER
NILE	OTTOWA
PARAGUAY	PURUS
RHINE	RIO GRANDE
SEPIK	TIGRIS
VILYUY	VOLGA
YELLOW	YUKON

MAJOR RIVERS OF AUSTRALIA

```
J E T B R X M C A R T H U R U E P E Y K
E X H G J X D Q G N N E U C S E T R O F
P T D K G S U B I U S V C U L G O A N C
F L D N G L E K J M A N I T N A M A I D
Z N H S A L E U B M A B W Z Z K D W N O
K G T Q Y D I T Q Z S C T N C B Z P R J
Q X M A R A L S P T T N L X E I R J L Y
D W N U R R N M D Z J M E E Z W B D A A
Z D B E O A N S G E T B V T A L W Z C S
O P N N V I H S O U L X T N A Y T F H H
M N H I M I Z O J C I L A C T A Y T L B
O L L M F M R D U V F M K U K A T J A U
A G I A V A Y K D Y R W O P J I V S N R
C M Z D P L X D V O O G E R U R U A U T
A A K N D B G T N O H O A L Y O Z Z H O
P R H O D U W Z D E V S B E L T N S O N
M A C C I Y R R U M Y O B S Z C I R C U
S N T Q L B M I T C H E L L D I P S B C
X O X E E G D I B M U R R U M V T D D S
Z A G L I N N J W L Z Z L V C M Q H T S
```

ASHBURTON	BELYANDO
BLACKWOOD	BURDEKIN
CONDAMINE	CULGOA
DIAMANTINA	FORTESCUE
ISDELL	LACHLAN
MACLEAY	MARANOA
MCARTHUR	MITCHELL
MURRUMBIDGEE	MURRY
NORMAN	PAROO
STAATEN	VICTORIA

MAJOR RIVERS OF CANADA

```
L L Q C J U E C N E R W A L T N I A S P
A M U H F I G Y H H L E W N Q Q R Q R T
K R E U P I E B N T E C A N T W V Q F Q
N V W R A M O I K N O L R Q S S T E G T
Z Y Q C H I D X I L B N E H H L S G A M
R H R H I L D M U A X W O V K S B S H J
G Z G I C K R M N S E V E R N Z S U C I
C H C L O E B Y W U M G H O S I Q C W H
Y L F L P I L E W Y D A S A N L M R F T
O B W P A W K F F U Z L C I H P A U P A
T U O W H Y Z T B C E P B K E J H V W Z
G C N B V U U A W N A O X A E P U A E Y
H R L E D D W E K T I R C I R N T R F J
T G B P H N X O H N N E W B M T Z Q R L
X K J M T R K A E O R L D H O J S I Y U
C G Y E G S B W L W N Z S J J W T Z E T
J G C X O A S E L D H B Q Y B N Q W N X
W E V A S M H W F V J W A Z R E S A R F
D F K C O T P S B M L T L D R A I L I B
M H A N A W E H C T A K S A S X N O A I
```

ALBANY	ASSINIBOINE
ATHABASCA	CHURCHILL
COLUMBIA	COPPERMINE
DUBAWNT	FRASER
KOKSOAK	LIARD
MACKENZIE	MILK
NELSON	OTTAWA
PEACE	SAINT LAWRENCE
SASKATCHEWAN	SEVERN
SLAVE	THELON

MAJOR RIVERS OF CHINA

```
P V I P T L Q J G F O R G Q M F A G F V
V D B B Y D M E X B M W Z P I T G W U W
W N X W D C A G A D T R D P B K H X C H
O A O P M X N J H U A A A Y C F C Y Y U
X U D P T I J J E O R K N C R R A F K I
Q H P P M T R I W Z I W I O Y N P W I E
I C I B D L D V A E M W N S G X I Z G J
A A G N A C N A L O K D G T W J S N N V
N M V V Y G H U D P Y K Z A G C H R A H
T C D Z H W A T A K B E N W V B I N I G
A O V E T P N D J K R R V N V Y G M J B
N I T Q E A E H C D A D R U B E U A G G
G R A A O B G N A U H U O J P L A E N N
P M R U P K S P K J M Y Y I H L N H O O
T L R P H K C X B S A W K A Y O X I L L
B Z M T Q N Q B M K P W H N E W Z X I U
E T E I L S I Y A P U C D G D V X U E I
P S I B M M Q Q V R T H O M B Z W I H J
N T F K A Y D E K A R A H N U Q X L M R
R O E D X G N A I J A U H G N O S R P F
```

BRAHMAPUTRA	DANING
HAN	HEILONGJIANG
HUANGBO	JIAO
JIULONG	LANCANG
LIUXIHE	MACHUAN
MING	NUJIANG
PEARL	QIANTANG
QINHUAI	SHIGUAN
SONGHUAJIANG	TARIM
YANGTZE	YELLOW

MAJOR RIVERS OF RUSSIA

```
O K L Y O K M A M Q N O P V P W D G N L
M P V B S X Z C V A N S K E H S V E A N
X K G Z P J L Q R M Y P N O V S S J H B
E Z L G K D V U A B A A G C X C P V K H
T K C F M M S N J Y K Y H Y H B O M U F
Z X B A Z A Y H A A L W D O Z L M Y R F
D E A P V C E V B M A A A J O U U E U P
O Y H K H V O A T R G Y V G V A V G T O
N A E L R S Z G A N F Q D O R G A O O D
E K V N U I U E E Y W A S Y N Y K S D K
T Y D H I I G R J H A Y J B F K Y H D A
S A C K T S I I P R Z N Q P Y L A I S M
X Z L L E K E T D D M E N G T M D K I E
J E Q Z O K C I R N L L N I H A L H V N
W R D Y Y T M K W J I H A O L E A A M N
H E N M O T C J G O R Z P M R G V G U A
I B N T R F M U Z U N M K H A O E S G Y
G U V R A N I S A Y P M Z G F G V N Y A
E U E E T R O Y P O H K C T E K L L U C
L D I K E T M C L O N R M K R F Y C R K
```

ABAKAN	BEREZAYKA
CHUSOVAYA	DONETS
INDIGIRKA	KHOPYOR
KIRENGA	LAMA
MANYCH	NEGLINNAYA
OKLYOKMA	PODKAMENNAYA
PYASINA	SHEKSNA
TURUKHAN	VALDAYKA
VOLOGDA	VORONEZH
YEGOSHIKHA	YENISEI

MAJOR RIVERS OF THE U.S.

```
O C I G V I N F R J Y G E R V T Y P Q P
Q Y A P K N W H F T R O A S O P E C O S
L A F Q U I J V S E H R Z G U N C S W R
M L G S O H U E E I Q N E E E E O S P L
V W F H B D A N O Q Q P B S O Z A R B Y
I C G X W M I S S O U R I V B D S G J N
P Y M N A R A Q E M U V F E C N C Z D O
P K N C O L O R A D O X D P A U D E P R
I J E O O Z G V M K J W C K N I D E N R
S A A B K B E O F R R B E A U A Y U K A
S E A Y B U E E N G D S A S N A K R A M
I V R E M F Y U S E T L I H C A B C K I
S F I A I J E O R S O H T Q O W D X C C
S H O H W A N V V Z E B X R L B Q I B N
I Y G X K M E J T Z S N B E U Y R O A J
M Q R F O E T Y W M J Y E R M V S S K N
E B A H K S I K K A I Y Y T B M X H F D
T Q N O S R H X K C M B G K I G V E B Q
R V D U U C W T B K C Y V W A U U Q C C
M U E H K C U M B E R L A N D D A M K X
```

ARKANSAS	BRAZOS
CANADIAN	CIMARRON
COLORADO	COLUMBIA
CUMBERLAND	GREEN
JAMES	KUSKOKWIM
MISSISSIPPI	MISSOURI
OHIO	PECOS
RED	RIO GRANDE
SNAKE	TENESSEE
WHITE	YUKON

DESERTS

```
U C R M U P N I S A B T A E R G K G P M
A U O Y R Q S H N Z K Y Z Y L K U M U R
E J X Q M A Y F G V M L C Z Y Q Z B Y T
T G S P H E R P T H F D W W T Q K G A I
A S E A K A I G G M T U D I R A V K I G
L B R G U S A N I M Z W A R R O L U K J
P A B U S A N T D D A D Q A H A J P W L
O O V L L L J H O U L Q K H M X L N G N
D L S K C K F A P A F U H A N S B E R A
A V W M X W L R R E M S K L Q C S Z E U
R G R E A T S A N D Y A R A J G Z M A H
O C E P C H B B Y V N I B K Q L H V T A
L P X E F I T U A I N O G A T A P C V U
O G M L A Y K G M C V T D R G N T W I H
C Y N N Z E E Y O A O F S H A V T N C I
D C S A Y A Z R X B Y G R R G Q K P T H
B I M A N J O Z S R I K O F W I X F O C
W A N T A R C T I C O N J U B M Y F R N
M O G A D E N T I W O C I T C R A D I M
I Z L Q Y B R J U S B K E N J B E R A U
```

ANTARCTIC	ARABIAN
ARCTIC	CHIHUAHUAN
COLORADO PLATEAU	GOBI
GREAT BASIN	GREAT SANDY
GREAT VICTORIA	KALAHARI
KARAKUM	KYZYLKUM
NAMIB	OGADEN
PATAGONIA	SAHARA
SONORAN	SYRIAN
TAKLAMAKAN	THAR

SEAS ACROSS THE WORLD

```
A S Q S E N I P P I L I H P M X F X T P
M H D E W J F T O E B G W S V U R L L E
W W Y F N F N P M A J Q C S Y B B E G C
B O M X V E B Q R A M O N E U W C V O H
E R P A D I R E K E T R O D A R B A L X
L S J R B H N O J I P F F N Z G K N N P
L C H G L T N N A M A D N A N Q V T S E
I I P V S A O R K I Y G I K R E M I O X
N S U I E W Z T R K P L H J R O R N M S
G R H G I I Y A R H L W L N H Z M E O R
S E E G Q E O C R T T P N E X I S I V T
H A N C B P A D N E A P W L D Z H O T R
A Y A Z A S J O T G V C A Q G D A L F T
U V I T P D S K C A G I I M I B E U T K
S T B I B W W B I A S V N H E J I W O C
E L A L A R Z W J R X M X N A Y B I L G
N N R M G E C O O P E R A T I O N S Q B
M E A I K U U X P S N A I N E H R R Y T
X Y G E A N N O S S A G R A S M C T A D
A D B D C S H R A L X E M I X R O Q L O
```

AEGEAN	ANDAMAN
ARABIAN	BARENTS
BELLINGSHAUSEN	CASPIAN
COOPERATION	LABRADOR
LAZAREV	LEVANTINE
LIBYAN	MAWSON
PHILIPPINE	SARGASSO
SCOTIA	SOMOV
TASMAN	TIMOR
TYRRHENIAN	WEDDELL

MAJOR STRAITS

```
W U S F A W N T S U X Q M O X P M T X E
O E U I V J B N Q Z K R A M E D F J F L
P U R D F H A P N D O X A D J I J N X E
B Q U U E E S X H I O W K X N K J N C N
B I A H Y C S E S K Z O R E V O D I P N
E B T L K E H A Y D H T X F K R N K P A
D M B Z J D F P M S O N M Z J Q V O X H
N A F P Y E Z A I E J A T D E X Q Y V C
A Z T M N P L V I Q C R A V Y R L K B H
M O B N W A A Z T H B T J U T V M T R T
L M O I C D Y Q E I E O R K C V R J V R
E B P C K W U U M E I F S G N I R E B O
B T A F Q I Q W C C L A P P W O U K N N
A F E Q H A X M B A R N N V O I J S K J
B O P S D X R V O C T X E I P R Z H T N
D W H N P K Z Z I F O A C D S N O N U F
C C U J F L O R I D A O N S R E W U H R
B S U J R W E E O U Q T K O Q A M I S L
Z Z J R E I P A L K R Y W O S R D O N Q
N L L L I A E D U I H P E D X J Q A Z B
```

BAB-EL-MANDEB	BASS
BERING	BONNE-FASIO
BOSPOROUS	COOK
DARDENLEEZ	DAVIS
DEMARK	DOVER
FLORIDA	MALACCA
MESINA	MOZAMBIQUE
NORTH CHANNEL	OTRANTO
PALK	SUNDA
TAURUS	YUCATAN

MAJOR REEFS

```
Y  M  S  D  N  U  O  M  N  I  W  R  A  D  J  K  D  P  O  L
S  A  J  C  E  U  H  E  V  A  H  A  E  N  F  N  A  H  I  W
L  N  I  L  O  M  O  I  C  E  N  F  G  S  Q  Y  S  H  E  R
Q  U  B  A  R  C  E  P  F  A  E  G  Z  M  Q  P  N  F  I  M
P  E  L  Y  L  O  J  A  A  E  R  R  R  C  G  G  K  T  F  S
B  L  U  G  B  C  U  Y  R  J  F  R  T  I  U  R  W  E  M  J
S  L  J  V  K  W  D  N  Y  A  L  P  E  N  A  G  T  M  T  W
X  U  L  Q  Z  P  A  F  G  P  I  U  M  T  I  B  X  Z  W  C
S  I  Y  D  L  M  I  Y  S  M  N  I  F  S  I  A  A  G  H  K
S  S  R  P  G  L  F  X  Q  N  D  Z  T  G  R  M  D  N  M  A
K  V  A  N  I  K  A  W  G  X  E  D  B  Z  L  E  A  T  K  A
C  A  I  P  I  H  O  N  W  J  R  G  I  L  O  K  N  I  V  S
O  K  P  K  E  D  I  N  S  H  S  B  G  W  L  G  P  R  M  H
R  O  A  A  N  P  M  U  O  D  C  S  R  U  D  D  E  M  L  R
O  M  T  D  B  E  P  V  E  Z  O  Y  H  A  V  N  P  F  A  M
C  Q  S  D  C  J  P  D  H  A  A  W  D  J  I  Q  D  R  D  P
I  I  F  S  S  O  S  S  Y  S  P  M  N  M  M  U  E  Y  P  H
X  M  D  Y  V  C  Z  Z  J  A  U  I  A  E  U  A  J  L  M  T
E  B  U  U  W  H  K  D  G  R  E  A  T  B  A  R  R  I  E  R
M  Z  D  B  E  N  A  R  E  S  S  H  O  A  L  S  G  O  A  Z
```

AMAZON	ANGRIA BANK
APO	BAR
BENARES SHOALS	DAINTREE
DARWIN MOUNDS	FILIPPO
FLINDERS	GREAT BARRIER
KINGMAN REEF	LANSDOWNE
LYRA	MANUEL LUIS
MARO	MEXICO ROCKS
MIAMI TERRACE	MINERVA

CURRENTS OF THE ATLANTIC OCEAN

```
Q V U A T X H G F O A Q V H F G H U W D
U Z B W N T L A E E V O Q Z U I R F N I
Q J D A B X L A N P R D C L R I B C N O
I L N G X K V I G T D A F W C B S E P C
T S A Q L K U S W U N S I N A D G O M S
W R L A Y G V Z F A T E O C N R O N Z W
F E N Q F P U H R R Z R J R E L B Q R N
X D E T H S H Y E Y W I O B H C S V B H
Y T E D W I Z A T E X H S P L T B E H Y
R T R B Z A M F G W E T L I K S M J A O
Z G G A C E E I G P I L Z M B G T Y S E
G C T N H M A W A P O A I H U Z L E G R
J A S T W N G C S M R R O E Y A R C A Q
R R A I Z B A T O B M K L E B O I D N X
R I E L J V S N H I T A Q R Z U R V G V
B B V L G E O T N X X Z A A D X B X O V
D B Z E W S R G J M X D I H W T T Q L U
Z E A S O O E T W G O O M H Q H Y K A C
V A B V N R C I Y R K G B M K C X D K Z
W N E Q U I T O R I A L C O U N T E R A
```

ANGOLA	ANTILLES
AZORES	BEMGUELA
CANARY	CAPE HORN
CARIBBEAN	EAST GREENLAND
EQUITORIAL COUNTER	FALKLAND
GUINEA	GULF STREAM
IRMINGER	LABRADOR
LOMONOSOV	LOOP
NORTH BRAZIL	NORWEGIAN
PORTUGAL	WEST SPITSBERGEN

CURRENTS OF THE PACIFIC OCEAN

```
B M K W Q H W L V H B I A N W D E C Y E
G D U S A J P G M A O Z P T U F R T R C
S B P F N L L G N Q Q A B D B O A J L H
W O O K S A A M X L K V I F M O U X W Q
N E I X X H I S Z R F O O W W T V A A Q
A C M H O X W S K S D D E L N V A I C R
I I P L S X L S E A R L F O B U K N T Z
L F X A B O C R C N L O R J M R T R Y W
A I F V L M R R O P O F C R Q P A O Z T
R C M T F E Q U H I N D A B Y W H F A W
T A R C G Z U L K A H W N W G J C I Y N
S P T X M J H T M C A S U I B Q M L L O
U H F L E A V S I E D E A Z N R A A L S
A T B U D C A H R A S P Y Y E F K C E D
T R A C I T S O O O N E O I O P U T W I
S O Y W O W K Z L J J S V Q A I F G M V
A N N O R T H K O R E A C O L D F Z O A
E M M E S Y I W G X P T Y D D T Z O R D
B N B A C J W I Q S H U M B O L D T C T
R J E Z W O A N A D N I M O S E Q P T B
```

ALASKA	ALEUTIAN
CALIFORNIA	CROMWELL
DAVIDSON	EAST AUSTRALIAN
EAST KOREA WARM	HUMBOLDT
INDONESIAN	KAMCHATKA
KUROSHIO	MINDANAO
NORTH KOREA COLD	NORTH PACIFIC
OYASHIO	TASMAN FRONT

GLACIERS OF ANTARCTICA

```
D L Y C M W D Y D O A F N O T P M A H N
Z R E G W A M U N D S E N E A X P B O I
N A X E L H E I B E R G T E N H O I Y N
T K M Z M Y H Z G M G D T K O Y R Y R L
M T M J D P W G T K S O N A C K P O G G
K G W S R R B J D A V I D C P S T V F H
C R M Q R U Y A E R O M D R A E B K R F
T O Y D H W B R U G J M Q W B P S E B
F T I I P H B T C T C F X X D M A P J R
K T X U E T A F R Y L R I U B B E B B E
T O K S N Y N R P A U E A S S E S Y V I
G W A L A A V I A T O R T N H H L S E M
O A G D G F K N A M N E D T E E D U R F
X W U B A S K L U G R L J X N Z R D E F
Y Q A E B M N C R E V A S S E L X R A R
S K M A Z Q S W M J L Z J E C I R S H E
A N J T Y Q G R E E N W E L L A G S F W
L B K I T T J R X K U G F I R R W L D U
Q M Y N U O T S I N N E D U P Z K F A K
D U W V T F F S Z W E E I V H E S D H V
```

ADAMS	ALGIE
AMUNDSEN	ARTHUR
AVIATOR	AXEL HEIBERG
BARTLETT	BEARDMORE
BYRD	CRANE
CREVASSE	DAVID
DENMAN	DENNISTOUN
EBBE	FERRAR
FISHER	GREENWELL
GROTTO	HAMPTON

GLACIERS OF AFRICA

```
A T D A U B M R E T Q X E U J L W E D T
N J D K Q D G R C K Y D I L E Z T A R B
T Y E H T R O N A I S N E R I I H L R A
H Z W T F D Y B L Z O S D C B V M V E R
P A Y R O G E R G C H Z T A K F D F S A
S R W B Y E A Z N N I R K O L E N D S Q
P A Z X B N S A L U K F O R E L N Q Y P
V S H R U D R C A W Y G I A R T E X D I
B E X C H R X R G U P Q O K R Y P R B V
K C G B A I F E C N F X Z P S F Y F G F
C I O B X L D D X V L N E I J G B L S I
N L L E F L I N F C S L W O A A E N H Z
E A D H B H V E A Z C E S L L Y R U H T
P R U A P W V R F O L E S L W T J A K D
T M I A F X E W E R F K E G K N M X V A
A B R Q H N N L Y I I T U Z M R X I G F
E K A Z S Z N X H R T N N I W R A D E X
R N H X Y M V J A O L T C Z V C C G S H
G L O K C D N O M A I D C Q X Z G P X U
O L G R E A T B A R R A N C O Y E A U R
```

BALLETTO	BARRANCO
CREDNER	DARWIN
DECKEN	DIAMOND
DRYGALSKI	FOREL
GOLD	GREAT BARRANCO
GREAT PENCK	GREGORY
HEIM	JOSEF
KRAPH	LEWIS
MR. ALI CESAR	NORTHEY
RATZEL	TYNDALL

GLACIERS OF ALASKA (U.S.)

```
L I K P M A R T U V I M P G M A M Y U K
U G R W V U M D Y Y T D A N Z O F A W V
S B X Z I S S A G A B T G I U E W L Q I
Y O A Z M T A N T N E Y O B O S L U Z R
E M N T K A T A V O N R E R N E F E P U
L U T U R E T Y D O A L Z I W P N I G Y
R L I G Y A J Y V C D H K T C H B I C U
A M S R H Y X B L R X P N F I C E Z Z K
H A O A A J G N I W O A W K R Y A L A C
C G K N R V Y D I H C B X G S R R B P S
H T O D V N G K S K C E E R Z R U V W A
C Q T P A E Z N Y U S M E T T G G V Z T
J P G A R O H P S B W K I O A Y L D B N
E B G C D O W H Y S A A C P D G Y Y Z E
Q O F I J D I A U R O R A U A O L C J G
Q T E F A N B Q O E J H O C B L K O H R
N M L I G E W F N I M A K C I H C P H A
H Z K C L D S B K A H I L T N A V W D S
N L F W O R T H I N G T O N T Y X Z S F
A R B Z B S G Q Y A Y L H O E B Z D A O
```

AGASSIZ	AURORA
BEAR	BUCKSKIN
CANTWELL	CHARLEY
CHICKAMIN	CUSHING
ELDRIDGE	FORAKER
GRAND PACIFIC	HARVARD
HOLGATE	JOHNS HOPKINS
KAHILTNA	NOVATAK
SARGENT	TOKOSITNA
WORTHINGTON	YENTNA

GLACIERS OF CALIFORNIA (U.S.)

```
B  B  Y  P  N  S  G  H  E  D  Y  L  C  N  A  M  R  O  N  L
B  L  L  E  W  O  P  F  T  O  J  T  W  B  U  W  N  P  I  Z
U  V  C  B  Y  Z  V  Y  Q  D  A  N  A  H  V  M  I  H  A  K
M  P  W  O  L  R  A  W  T  N  U  O  M  D  S  O  W  L  U  Y
I  A  R  F  S  M  O  U  N  T  F  I  S  K  E  K  R  Y  I  I
D  L  H  X  Q  D  S  E  H  T  T  A  M  N  D  F  A  T  W  K
D  I  V  O  U  I  Y  A  E  H  W  Q  E  A  U  J  D  D  L  V
L  S  K  K  T  D  B  E  G  T  M  A  L  O  B  A  Y  K  L  K
E  A  M  N  A  L  Q  L  N  B  U  W  I  A  S  C  R  T  T  L
P  D  O  K  G  K  U  E  O  T  S  P  I  N  M  A  D  H  Y  K
A  E  N  L  V  P  H  M  W  N  I  C  I  N  R  P  G  P  B  O
L  X  V  J  X  T  L  Z  I  E  O  H  G  L  T  A  H  J  F  N
I  P  A  N  E  S  O  K  B  N  E  J  W  W  L  U  J  L  B  W
S  M  L  O  W  S  T  O  N  L  L  R  Q  E  Q  I  N  X  N  A
A  P  G  B  H  A  M  E  N  D  E  L  U  V  R  M  L  O  R  K
D  U  K  T  W  L  S  Y  Y  R  E  Z  E  L  R  I  Q  Q  Z  I
E  G  G  J  Q  S  P  G  A  V  Q  U  C  Y  C  G  N  X  X  T
I  K  R  L  O  L  W  G  F  R  Y  M  N  Z  L  A  I  K  P  O
W  Q  X  W  P  K  E  E  R  C  D  U  M  Q  P  E  M  U  C  N
L  B  F  U  G  X  X  O  G  U  I  M  S  P  L  W  H  J  I  X
```

BOLAM	CONNESS
DANA	DARWIN
GOETHE	HOTLUM
KONWAKITON	LILLIPUT
LYELL	MACLURE
MATTHES	MENDEL
MIDDLE PALISADE	MOUNT FISKE
MOUNT WARLOW	MUD CREEK
NORMAN CLYDE	PALISADE
POWELL	WATKINS
WHITNEY	WINTUN

GLACIERS OF MONTANA (U.S.)

```
T G P K I W Z O Y W B N J W H G D L O W
W G T N E S C A S T L E R O C K T M H G
R F T A K G P H A N T O M A M R J R E E
V B S G B E A G R A S S H O P P E R R K
L E S F A B N C O G L W Y Z P A F P B B
L L N A Y P B O T H E F H W A I M G S G
Z G E H H N L O X S I R R A H E D R T Q
N K B W S E U U R I Z P P K T Y S A A C
M R P W K B Y T P A D X B C Z B R N T G
N R E H A C O I A F I K H E V X Y I I H
Q J D E H H A U S U E N A Q E X W T L D
V D X A N U T L L H A R B O P P W E G N
R E E Y D I O O B D J H N O E B Y G Y L
G V L U T Y A I O I E B S W W K F D X V
G R T P S Q C T L T D R S A E U N N U N
J S M V O P O I N H R O A B P C Q L O J
P F F I S S U R E U W A X M M I T V E C
U T S H D Y Z M V I O P E U F U D Z T Q
I E H C E F C G E I L M C B R S Z E L O
W A L X P K Z A Y E H X J E X P A W H V
```

AHERN	BEARTOOTH
BLACKWELL	BOULDER
CASTLE ROCK	DIXON
FISSURE	GRANITE
GRASSHOPPER	HARRIS
HERBST	IPASHA
LUPFER	MOUNTAINEER
PHANTOM	RAINBOW
SIYEH	VULTURE
WEASEL	

GLACIERS OF WASHINGTON (U.S.)

```
U S F N O I T A R I P S N I N A D F O P
O X F P R B F H A W C N I M A K C I H C
D R J H P S C A Z M P T A R M I G A N S
A M P B M U C N F N O H O K O M E E N Y
R T I W H L E G U M S T S E P H Q Z B I
O E B U H P P I N D F R N K K D I Z J B
D F I U U H Z N W R E D Y T R E B U H H
L F H T O I S G U F U S H N H V Q J O O
E A K U J D V I F D P U A P C B L R T Z
M I N T V E E E L Y P G G N U S Z D F N
E R U L J T J R Q A L B P N D U D V G E
A C T J K O S N O R E M A C M A Z F C D
X H N N W Q V P K D C R L B Z O L N A D
L I H D U S G J K U O H O J R Y O E A I
F L E A J D O A Y P L B R B K S Y F E B
K D K L A H Z G V W E X G P R B Q N C R
E G J W G E M S L M M L B E J O G Q R O
K G K U S T A K T Z A R D V V V A R W F
R E G N E L L A H C N N Q U A F J E J T
C G A C W X W D D P A C V W R N L C H U
```

ANDERSON	BOREALIS
CAMERON	CHALLENGER
CHICKAMIN	COLEMAN
ELDORADO	FAIRCHILD
FORBIDDEN	HANGING
HUBERT	INSPIRATION
JEFFERS	KATSUK
NOHOKOMEEN	PTARMIGAN
REDOUBT	SANDALEE
SQUAK	SULPHIDE

GLACIERS OF WYOMING (U.S.)

```
B N Q A G G O T I N Y V E H O R D H G Q
O A E W A G A C A S E X D T N L I U V M
P V L O L D Y R E P P O H S S A R G T I
C O N T I N E N T A L E P E E T S O L D
E X W A S H A K I E E Z B B C O X C K D
N H K L L Q H Y Q S G J I T U X H L Y L
U P P E R F E R R M O N T R L A O S Q E
F W N L I Z A R D D U S D G B N P P A T
G A Y C Q H A X G O A O S X D N E D T E
L Y L I Q K B B V K U O M I F I E E K T
W Y P L J K C C Y G U I K W P M T E F O
J Y Q U I G M P H Q R E X W K E S A S N
D G F Y Y N P E T E R S E N M F P S L K
V O J N D C G Y V W U C N X T M E T B H
H E P W O M S I Y G J W A A W J E T T N
O I I F O J R C C P P R Y T I C H O X L
U Y D W W D Y R N E J T Y K N P M R Q T
Z S U K N R Q U Q O W V B P S M X R Z J
S X O I I G U I W S S J J Y A U O E C Y
Q E W S D V J V N X B H Q M V A R Y X L
```

CONTINENTAL	DINWOODY
EAST TORREY	FALLING ICE
GRASSHOPPER	HEEP STEEP
KLONDIKE	LIZARD
MAMMOTH	MIDDLE TETON
PETERSEN	SACAGAWEA
SOURDOUGH	TEEPE
TINY	TWINS
UPPER FERRMONT	WASHAKIE
WIND RIVER	

GLACIERS OF BRITISH COLUMBIA (CANADA)

```
G U T K J H E J W A Y E S M F I M L D G
O R G D C G S H A D O W F A I D E L S O
O H C S E T U M E L A M J O K K O I R S
I F X S M O K I N G C A N N O N S N C N
R D G S C A Z Y M X M K U R G O P I Z M
O I W E H B P D E B H E W I L O M L O I
P L V V A B Z W E G T J T A R I U N F N
E F O S N U L A G T N F T O T E A S E I
X N Q M T D U V E C C I P A M R X N B L
A I I F E Y I H D J O R R R C E R B T K
R L V I R L A V D N D A E H T O R S R A
Y K F N E S S H E G D T F C H C T R D N
K N H Q L X S D S I N D H T A A G A N I
C A P M L V W F A I Y A R S L H U N A L
I R M Q E K A N L P I E C H X N K S M K
P F P X Q F T P L K V A A V T G G B Z Z
L E D D Z N S W A L D L D L C N I N T U
J I D B T W Q Z I E A K E V C B K A N Q
A H U X N A A S J M R S U Y X G H K N G
A P K U Z N A Y D F S R W P O Y F T Q X
```

CASCADE	CHANTERELLE
DAUNTLESS	FRANKLIN
GEDDES	ISOLATION
JAMBEAU	KLINAKLINI
LEMOLO	MALEMUTE
MONARCH	RADIANT
REMOTE	SCIMITAR
SHADOW	SILVERTHORNE
SMOKING CANNON	SPLINTER
STALHALAM	TCHAIKAZAN

```
A G L N L O B D N A W E H C T A K S A S
J N C V P V R Q N D F E K N O U K K D T
E R M H U G D F O P Y U I I K C H C B E
I T S I H L N O S M V Q P T T V A G X N
S M A W A P T A B K X N Z F M U J A B J
I J C T S N M U O Z K U C A A U P V C T
F O N O Q D V Z R B L G D U U B Y A J Y
L M I O Z B E R G E X D S Z D F B S W D
T I L F L K W L Z S N O M J X A W Z N A
F U E W M T J N Q B H S Z C G Q H U N D
F Z W O O P M K O Z G S D R E R J G F P
R J X R U E W W P N G E O O E A E M W Z
E M C C N Y D D A L Y H M B C L S B R H
S V Z U T T L M X D K C E S Y W N R W M
H E Q Y B O A A V B L G A O S F O K A W
F T H Z R V R R N X X B N N D T W G X Y
I N B B O A E G J H A C V U C A M O U C
E U T R W U M A K H D S Y E P R G F V C
L E R W N P E Y T Z X Z H C W A B B B T
D M P B O Z F A K P G G X W F X V P B Y
```

ANGEL	ATHABASCA
BERG	BOW
CROWFOOT	DALY
DOME	EMERALD
FRESHFIELD	HECTOR
MONS	MOUNT BROWN
PEYTO	RAM
ROBSON	SASKATCHEWAN
VULTURE	WAPTA
WAPUTIK	

GLACIERS OF PAKISTAN

```
D N O P I D R U H K R E P P U S F C V S
T Q V I I D E Z T B T M R A P H S I H S
V J R T D P S N E Z A E O T X W O J L O
R M W N U C E Q G L W T N I G G H W I S
D R G U D R E N A I A E J O O S R B Z A
M L Q L S C U N H R V J N H J H N F M C
A B F V O S G D A E A D C K I A I F C H
Y Y P U G U A S D I O I M E W N Q U W I
I E I T T U H P K G L Q Z V X D V S K O
N R Q I L I M U O M W T I Z N A T L P K
A M A A N U K R U B Q U S L U R K S H U
W A G G W R O L I A V E N A W R K L B H
F N A C D N X A G U D K I Z R C B A L P
B E P Z S C F I V Y F E C A I A L A C U
H N C P R O Y S X C T G J B S T K I S A
Q D J M B M A R O K A R A K O U M T D M
K U X U K C I V W U N Q Q R E Z X R S I
B N I A H S O T Q C R B O B H M S Q I A
I E Y H V I R L A P U R P U H Z E J Y M
Q E G F B S M F R S D R C V M T A Y V M
```

ABRUZZI	BALTORO
BIAFO	CHOGO
GONDOGORO	KARAKORAM
MALANGUTI	PASSU
RUPAL	SACHIOKUH
SHANDAR	SHISHPAR
TARASHING	TOSHAIN
TSARAK TSA	UDREN
UPPER KHURDIPON	VIGNE
WANIYA	YERMANENDU

NATURAL DISASTERS

```
H X C S S H R A B C Z P A U S W R M W N
X R F D N T Y Z F G D V K I L P R U L V
S R G C D G F S N J A J M H S Y K M I K
A N F N L P L J E L Z A G M B O D O M P
Y B J L B Q R A A D N G R I S J Y K N N
I S T C O P M N S U I O D E B K O S I Z
T E H R W O C G S E T L L R H Z T X C W
E D U Z M H D T G S S O S S O O U P E E
S I N X E D X S E E H U O D R U Z W R H
Q L D S X X K C K K B L H N U M G T U A
E S E B M V I A N S A R A E P M G H P I
G D R Q S G U I I R W D R Q Z N W R T L
A N S R N Q S D F B O O E S D W H M I S
J A T K H A E L S E V A W D L O C M O T
A L O T Y N A T S C Q W G B D F V V N O
A I R E C R N E W F Y D H P L F F V S R
N A M E E S D R A Z Z I L B T R M D A M
E A S S X M C O P E A S O U P F O G Q S
D U I O W J J J T N E V E T C A P M I K
S U S G E N O L C Y C L A C I P O R T F
```

AVALANCHES	BLIZZARDS
COLD WAVES	DROUGHTS
EARTHQUAKES	FLOODS
HAILSTORMS	ICE STORMS
IMPACT EVENT	LANDSLIDES
LIMNIC ERUPTIONS	MUDSLIDES
PEA SOUP FOG	SINKHOLES
SOLAR FLARES	SUBSIDENCE
THUNDERSTORMS	TORNADOES
TROPICAL CYCLONE	TSUNAMIS

NATURAL PHENOMENON

```
W N R G R W R X O U A M I M A K I H A S
Z F P N B A S W O B N I A R E R I F D E
F G S I D T D X X X P A D E V Z O U V V
T Q B N S E S E S O R T R E S E D R C O
G A I T D R B R Y T K B D B U V Y D K R
R R S H U S R N I M O D L T L W C G F G
E A M G O P F W E S U M A A P Z M W G E
E H U I L O G I G K H D E P C F A H S E
N A T L C U Q K R S A N L H L K N R B R
S S H C S T X D H E K L E U B A S S V T
A E C I U S O N P Y W H D W I H D U N L
N H R N O Q Y P C G H H S E T G C Y N A
D T Y A E E L S K R E O I O T B Z W A N
B F S C R V Q M V D L A H R Q T N J K O
E O T L C P E X D A K I S N L L O I G L
A E A O A Y P R H W N I Y E F S L P O C
C Y L V N W S L L A F D O O L B W P S H
H E S Z D P X P Q M P E N I T E N T E S
E B A V A L R I A H S E L E P N I G J H
S S U T P Y L A C U E W O B N I A R P Y
```

BISMUTH CRYSTALS	BLACK SUN
BLOOD FALLS	CLONAL TREE GROVES
DESERT ROSES	EYE OF THE SAHARA
FIRE RAINBOWS	FIRE WHIRLS
GREEN SAND BEACHES	HALOS
NACREOUS CLOUDS	PELE'S HAIR LAVA
PENITENTES	RAINBOW EUCALYPTUS
SPOTTED LAKE	VOLCANIC LIGHTNING
WATERSPOUTS	

NATIONAL ANIMALS

```
O Q C Y E L L O W F I N T U N A B B F R
K W P O G C R E D D E E R I E J A T W C
O C K T B A P C G K L E M L A L J I L G
Z O L R Y L I O N I M E A D D F J A A A
B X L L O B W Z A A A H C E D D F Y R L
C A F L X T M Q C D W N A Z H J K A A L
E I C C I A S E J K L G T U M K E P B I
T X K A R A D E C K L U Z P O T L L I C
D R S K P I T A T E L I U M A G V C A R
W D H C O L B G V I G X O J E N I P N O
V O R R B P A A A Y H D K A S F D P O O
R V X V M J E C N W O W I G J E H A R S
I W C U G V I A O D E N W U Z E J U Y T
T G H E W A W A R K L T I A V Z D U X E
Y X O P F S O A I B P A I R T A S P O R
F Q P J E A G N U Z D Z K H W O S W M U
X F T T S O T V P K F Y I E W S U U U P
H V U Y N E I B R O W N B E A R Z V B J
A M V R C C S B N J R A C C O O N D O G
S S I D F R P K W O L L A W S N R A B V
```

ALPACA	ARABIAN ORYX
BALD EAGLE	BARN SWALLOW
BROWN BEAR	ELK
GALLIC ROOSTER	GIANT PANDA
HUMPBACK WHALE	JAGUAR
KIWI	KOMODO DRAGON
LION	MARKHOR
MUTE SWAN	RACCOON DOG
RED DEER	WHITE STORK
WHITE WAGTAIL	YELLOW-FIN TUNA

MARINE MAMMALS

```
L Z A Y A H Q W L A E S D E G N I R Z R
B E D E U R K Z A B T Y F A E R U X P P
E V L C L X D G N L O T Z H L V L A Z E
A U O A L A C R O X R S C U A A E P T X
R Q S K H A H C S N V U H V H Q O W S H
D Q O P I W E W B H P U S J W U P Z S O
E U P R V X A S E W Z R Y X Y I A Q N E
D G J O Q X G G P K H X A T A T R V S T
S N R L L E Z X U R N N B D R A D S Y C
E D E A J A L L H L A I A X G D S R I J
A H L N Y J R A V A E H M R O C E X U W
L U A E D S G B H T R B E X W T A Y T A
O Y H C W K E N E W E B A E T H L C B M
K M W M C T O A O A M O O O P G A C H C
I E N X U V F D L G R R A R N I D L W J
Q U I R U O R B G O U E E P S R B O S F
Q Z F I S V M S M I S D V P R E E P R J
D V S X E J V F I J V D M H S A A X H S
U E W E Y D L K E L A H W E U L B L I D
I P X A G X I Q B O W H E A D W H A L E
```

BEARDED SEAL	BELUGA WHALE
BLUE WHALE	BOWHEAD WHALE
DUGONG	FIN WHALE
GRAY SEAL	GRAY WHALE
HARBOR SEAL	HARP SEAL
LEOPARD SEAL	MINKE WHALE
NARWHAL	ORCA
POLAR BEAR	RINGED SEAL
SEA OTTER	SPERM WHALE
VAQUITA	WALRUS

AFRICAN ANIMALS

```
B A O B N I L O G N A P B H S H D V B O
L U Z G T X F H Q D J Q P M E I G O T I
F O Q P V J B A V E L H D S Y P N E G U
R W C K B T O T V U Q M Y B D O A W K O
H N O O B A B E T E B E A P B P Q Q K R
Z E H N C E X E W J K B L O O Z I Z U S
Z K S L X H U H J N H Q Z V H Q B V U T
C A O D E D O C O S O R E C O N I H R T
G N Y Y W O Y M U T E S O O G N O M E E
N E Q Y D N P B J A C K A L Z X P L O B
A Y I N U A E A U I B E I T J H N X E E
L H L H M A N V R O N O P O T L K N Z Q
S G Y Y E Z W T N D X U A S C M O X B T
M O Q A O F E A E V Y U K Y U R J H B W
O R F H S Q F B T L B S O K E W B G N F
O I C B E U M A R N O S E R V A L Q U S
B L Q F T Q H A R A M P T L U O D I N R
X L P Y O Y C D K I I B E R I Z L Y F S
D A G F A G M H F O G J S Y S O W U I E
T M V R A A R D W O L F Y I B P N J U M
```

AARDWOLF	ANTELOPE
BABOON	BONOBO
BOOMSLANG	BUSHBABY
CHEETAH	GIRAFFE
GORILLA	HYENA
JACKAL	LEOPARD
LION	MONGOOSE
MONKEYS	OKAPI
PANGOLIN	RHINOCEROS
SERVAL	ZEBRA

ARCTIC ANIMALS

```
W X H K G C B E L U G A W H A L E S L E
C I Q Z C Y B D E N I R E V L O W M E J
L E M M I N G I Q J P Q V N U Q A N B H
V P A K W M P E L V X T A U L K F D A L
H T N H O F C J C W Z R A M V P D W I D
D K M T T Y J A S J W O X R U A X Z G M
D P U N S T R F X H X U N G M S Z O X B
A C R O P I N H A R E P M L E I K D Z A
Z G M J B H F L F G N P F S E R G O X L
H O L O N A S L W N L S O R X A U A X D
X K U J H R A N V N R O M T K D O H N E
U Q X W E P K F X Q G I E P W T M C H A
P G Z T S S E O H W N Q U A G M P O F G
V W M U O E P D O E Q F L R P M F V F L
N T W O O A E N H A F R J I N K Y U P E
Y N D O M L S H W I U C N U M L F Y W M
X Y E N Y I B A N S U R M V O K B X X K
H Y T T D D A L L S H E E P O K N P L I
I U R F B O T N E W R A E B R A L O P N
U A L A E S D E G N I R R K B N G F J Z
```

BALD EAGLE	BELUGA WHALE
CARIBOU	DALL SHEEP
ERMINE	HARP SEAL
LEMMING	MOOSE
MUSK OX	NARWHAL
ORCA	POLAR BEAR
PTARMIGAN	PUFFIN
RINGED SEAL	SNOW GOOSE
WALRUS	WOLVERINE

ASIAN ANIMALS

```
O G W Q E V J V E G E S E W U W C R H B
A S I A N E L E P H A N T K D E E N B D
K W K I N G C O B R A L E O N R E G I T
S B F Z S K X V B A V G D B Y H M M E K
B L W Z N Q O V V A L F F D A N T U I B
Q R S A A R C M V Q T P Z I O I Q B D J
G K U K T O A R O A K R J I Y A J L A A
R B F R U E G E N D D X L K C J N I R H
E C C O G B R M B L O C Z A G O H B A F
A R A T N W R B A N I D M C B W O T D Y
T G Y S A N A G U T U S R B J C R H K I
H I G D R D H G A F U S I A N Q Y T L L
O A A E O O W I S S F G E A G W T Q D N
R N D T H T S M E L R A I S C O L F A V
N T N N O A B H E A W D L A X I N T P W
B P A I P J R G L B N Y Q O W G W A L I
I A P A M I E J R I P A T N A Y A L A M
L N D P V V A C W C O L U G O S O N D K
L D E U T I A R K N O M M O C V A T E F
X A R K Z M S D R A P O E L W O N S T R
```

ASIAN ELEPHANT	ASIATIC LION
BAIJI	COLUGOS
COMMON KRAIT	GIANT PANDA
GREAT HORNBILL	INDIAN COBRA
KING COBRA	KOMODO DRAGON
LAR GIBBON	MALAYAN TAPIR
ORANGUTANS	PAINTED STORK
RED PANDA	RHESUS MACAQUE
SNOW LEOPARD	SUN BEAR
TIGER	WATER BUFFALO

AUSTRALIAN ANIMALS

```
T X M A R S U P I A L M O L E K O W S K
B V B Z J B M Q G G F C H G H I V E O R
N Y A A Q D I V N R M E Q V Z X A G Z A
O B N J L Z U O V N W M E L O U N G T G
I Y D O Z A G U G C U Y E D G I L R L I
L R I T E U O P I W K M J D D I Z X P R
A A C D D B F K N P A Z V T V E P V F E
E W O F R W G D Z C Z X Q E A L M Y T G
S O O A T A S T D K Q A D J C B N L C D
N S T M U L S R C A Z N D Q E V M S P U
A S V K L L S D F R A D H R U U S O S B
I A P O B A B I V I O I N P Z V K U W Q
L C U I K B E U N X R H G Z K A P R V G
A Q H G R Y Z A I M C C S E N Y Y E K T
R T C S Z Y M A G H E E K G T G X Q G J
T J E U I S K U U F L V A A E B K O K T
S H F U A K L M Z H I R L S N I P Z D H
U B Q T O T E A A T O P T T A B M U N M
A H Y U S W S F T O T H S R D X R U Y R
I H Q P N V J R R E D I L G R A G U S S
```

AUSTRALIAN SEA-LION	BANDICOOT
BUDGERIGAR	CAMEL
CASSOWARY	DINGO
DUGONG	ECHIDNA
EMU	KANGAROO
KOALA	MARSUPIAL MOLE
NUMBAT	PLATYPUS
QUOKKA	QUOLL
SUGAR GLIDER	TASMANIAN DEVIL
WALLABY	WOMBAT

NORTH AMERICAN ANIMALS

```
F G A J A Q M C B R O W N B E A R X U X
N G I L A M O N S T E R S N I N V T X D
A R X D F I R S K P F A J Z G I I M W G
M L O E B B B A L D E A G L E H R O T X
E E X H D E Z B A P A I Y S H Z G U U C
R N P Z G V X X O I U P Y E G M I N L I
I O X H G N Y G Q B Y E L Y N D N T S S
C S I M I E O W Y F C L Y Y V P I A R Q
A I Q A T O X R J S B A G T V T A I A X
N B Y W L K Z Q P E C A T X T R O N E B
A N B I G H O R N S H E E P W A P L B J
L A F L O W X D S C D J E S M C O I R X
L C C G H E E U E Q T J O L S C S O A G
I I B U S R V R T Q D M W D K O S N L K
G R K O O U R O X I W E J F O U G O H
A E O O P C P D Y K I T F O X N M D P E
T M Q I Z P T X O U O C C D W Y F C V D
O A L C Q R L Q C E O S D J T C K Z R T
R S R M I O Q L A G O H D N U O R G T M
H C T N T N R A E B K C A L B F G O G A
```

AMERICAN ALLIGATOR	AMERICAN BISON
BALD EAGLE	BIGHORN SHEEP
BLACK BEAR	BOBCAT
BROWN BEAR	COYOTE
ELK	GILA MONSTER
GROUNDHOG	HELLBENDER
KIT FOX	MOOSE
MOUNTAIN LION	POLAR BEAR
PRONGHORN	RACCOON
VIRGINIA OPOSSUM	WOLF

ENDANGERED SPECIES

```
U E G G R D I X I E V A L L E Y T O A D
V B A G E R A U C J T C T G B C Q J Y Z
A L L O T R T M A E S E W H L T R S A K
L A A D A E F I W O V V N A U A D V T C
L C P D E G W V P M L K I R E B N M D H
I K A L Y I Q S I I M F L I W M M S Z S
R R G I E T E Y A E Y A O A H U J B O D
O H O W N L R V Q B H Z G L A N H M A W
G I S N O A J G W I G Y N M L Q E V X X
N N P A H G A R H F V G A K E N D J G J
I O E C T N T B V H J M P Y B E B B J H
A C N I N E P K D K R Q V T O E X C A B
T E G R E B V C H H K I G O W K J T U F
N R U F G M J M K N O W T O G U E K M S
U O I A E W G Z J P J L N V U E D S E A
O S N O R F F B I B V I E X H N M B D P
M A D N A P D E R C W E V C H M Z G H I
V Z J W A C A M N E E R G T A E R G N V
K B N P K R A H S E L A H W K Z U H N M
U R E T T O D E S O N Y R I A H E T X O
```

AFRICAN WILD DOG	AYE–AYE
BENGAL TIGER	BLACK RHINOCEROS
BLUE WHALE	CHEETAH
DHOLE	DIXIE VALLEY TOAD
GALAPAGOS PENGUIN	GHARIAL
GREAT GREEN MACAW	HAIRY–NOSED OTTER
MOUNTAIN GORILLA	NUMBAT
PANGOLIN	RED PANDA
REGENT HONEYEATER	WHALE SHARK

AUSTRALIAN FOODS

```
W U L Z J L A M I N G T O N S T F E F S
J K J D K D U M I L Y S F P T K I M U T
C I D E V N M O V A F S D S Z E S I R R
P S N A K F I I S I F N R O T P H T A F
N R T K E R V B L E I F E D P F A Y B S
K U A I T R S E C O L C Z C F U N A K P
F B B W U O B O G C X A I M H E D G V J
I Q U M N C N Y S E H P T H S Z C N Y M
U G R B T C S Q R G M E S N M C H E S E
Q Y Z Q B I O I Q I O I R D A S I D V A
K F P S M L M C B M A R T R Y F P L B T
R X O P N H E T K S S F F E Y Y S O N P
V O I V Y A M O A T T H A O T R P G M I
X B S T M H G R B M A T V M D O I S W E
W W D A I T H S I I S I O A G D A P Q S
T F G E U Z O W N Q L B L N V R E S E P
T I N L T U W O Y T Y L V J R N K R T C
O O Z X W E D V V R L T A G W A L D F U
M P A H R C I W X N U P K D X H E X Q
W B O W E N M A N G O E S O F D I W Y I
```

ARNOTT'S BISCUITS	BOWEN MANGOES
BUBBLE O'BILL	CHERRY RIPE
FAIRY BREAD	FANTALES
FISH AND CHIPS	FREDDO FROGS
GOLDEN GAYTIME	LAMINGTONS
MEAT PIES	MILO
PAVLOVA	PODS
PRAWN COCKTAIL	SNAGS
TIM TAMS	VEGEMITE TOAST

CHINESE FOODS

```
M Y E C M C B C O M R T C W L O L M A B
K P A A A F E O G N A T N U T N U Y J C
M H Q I R W I N U R Y P U C D N T X V E
J R F X L J J G N F F Z T C I Q M I I D
O G I G G V I Y H B U X W E Z S N X C S
A U P N A S N O I N K O M I G V A G O R
B G B O Q P G U F T I W D A T H B P N J
G I O L D W K B R J O V N O Z Q S J G V
N A X O A F A I T H Z S A A A S C D S U
O P D A N D O N C E H N D B K M Z G H O
L U T I C I Y G I Q Q G E E U N S Z A R
O C B X H A A F U G N N Y H U O G U O O
A G Y A A N T E L E B B A K J B R B H A
I N U L O X D R H C M I H D H U A T A H
X A E A F I Z Z H I U S C N F J Z M I S
Q T B M A N G A J J U H K L X D H T S G
V M I W N N R A G N O E H C P A L I H N
X C N J I S G G O F J I A O B B M R E O
T A G Q I G N I D I J O A B G N O G N H
Z I N U L J A F U O T U Y O I A J O U D
```

BEIJING KAOYA	CHAR SIU
CHAYE DAN	CHOW MEIN
CONG SHAO HAISHEN	CONG YOU BING
DAN CHAOFAN	DIANXIN
DUO JAIO YU TOU	GONG BAO JI DING
HONG SHAO ROU	HUO GUO
LAP CHEONG	MALA XIAO LONG XIA
MAO DOUFU	QINGZHENG DAZHAXIE
TANG CU PAIGU	XIAO LONG BAO
YUE BING	YUN TUN TANG

EGYPTIAN FOODS

```
W  V  E  T  I  D  A  L  A  B  H  S  I  A  K  F  D  S  W  S
G  T  V  T  P  I  G  K  I  D  Z  A  Z  J  T  B  G  E  J  J
H  A  K  H  I  O  I  S  U  F  O  M  V  T  T  E  A  B  X  L
O  L  C  A  U  H  F  R  E  H  O  T  B  X  J  S  C  J  P  B
R  K  D  G  L  W  S  Y  A  M  S  H  A  W  A  R  M  A  I  N
A  O  H  G  A  U  A  H  B  H  O  K  A  Q  L  Z  G  K  B  A
Y  F  U  E  M  T  B  A  A  N  S  D  A  E  A  J  B  F  A  S
E  T  E  U  A  A  R  A  V  M  Y  O  F  H  U  K  T  M  B  E
B  A  N  Q  W  S  Y  Q  S  Q  M  A  K  X  S  X  W  F  A  M
A  K  Y  O  H  T  Q  M  F  B  L  A  K  T  S  N  E  K  G  A
L  E  M  V  C  P  O  V  A  A  O  R  M  X  J  H  V  U  H  D
C  B  Z  N  H  C  A  O  F  B  V  U  X  A  B  K  P  S  A  E
X  A  A  Q  R  V  Y  Q  K  K  V  T  S  B  H  E  D  E  N  M
J  B  A  H  A  E  G  R  D  M  G  I  U  A  I  P  H  Q  O  L
J  J  D  L  Q  Z  Z  P  H  F  H  Z  Z  M  H  B  N  E  U  U
U  R  K  G  I  U  G  S  Z  U  A  I  H  K  O  L  O  M  S  F
Z  A  S  Z  B  S  H  Z  X  R  M  P  C  N  L  H  B  P  H  Q
B  Q  Z  P  S  L  G  E  E  S  F  M  K  U  N  A  F  A  B  G
V  Z  Z  Q  H  H  D  Q  F  J  J  U  U  D  Y  B  Q  Q  F  T
A  P  B  B  I  N  A  R  A  D  N  A  K  S  E  A  D  B  E  K
```

AISH BALADI	BABA GHANOUSH
BAKLAVA	BAMYA
BASBOUSA	EGGAH
FALAFEL	FUL MEDAMES
GHORAYEBA	HAMAM MAHSHI
HUMMUS	KEBDA ESKANDARANI
KOFTA KEBAB	KOSHARI
KUNAFA	MOLOKHIA
MOMBAR	QATAYEF
SHAKSHUKA	SHAWARMA

FILIPINO FOODS

```
O  M  N  Z  Q  U  I  Y  M  Q  P  I  N  A  K  B  E  T  I  H
K  O  A  T  D  J  H  I  T  A  T  A  P  Y  P  S  I  R  C  J
O  K  P  U  Y  S  D  I  N  U  G  U  A  N  A  T  P  U  T  O
B  A  S  K  X  I  L  O  C  O  S  E  M  P  A  N  A  D  A  I
A  O  W  U  L  N  Q  V  M  J  I  G  Y  B  E  T  U  T  E  O
L  U  B  J  X  U  H  Y  J  N  U  H  O  Y  M  M  Q  B  N  V
A  O  V  H  P  G  L  V  B  D  B  G  R  R  U  D  G  K  C  A
P  C  C  V  Z  N  K  M  X  Q  O  Y  A  N  T  Z  D  K  L  S
T  L  E  J  C  O  L  A  I  N  G  E  M  S  B  A  G  N  E  T
I  Q  E  P  M  S  T  O  A  C  U  Y  A  I  O  M  M  H  X  A
C  T  K  C  E  L  M  A  T  R  E  Z  K  N  J  Z  V  G  E  V
N  N  X  E  H  U  X  Z  A  U  H  S  A  I  J  Z  F  V  D  V
A  A  N  R  J  O  A  H  P  E  N  E  X  G  G  O  A  J  J  X
P  R  U  A  P  I  N  J  A  B  N  F  C  A  F  F  V  Q  S  R
S  M  I  K  X  N  N  Y  G  I  S  I  S  N  B  L  S  B  B  J
P  D  N  E  O  L  A  L  U  B  I  B  M  G  S  C  C  B  D  V
P  V  Y  R  Q  P  Q  H  M  B  C  V  S  K  Q  P  Y  O  Z  M
O  D  L  A  C  Z  O  R  R  A  I  D  S  C  A  A  D  O  B  O
Z  X  Q  K  S  V  L  A  S  A  N  I  N  E  K  C  I  H  C  Y
E  F  A  L  K  A  L  O  N  I  T  H  S  I  F  T  A  M  C  S
```

ADOBO	ARROZ CALDO
BAGNET	BETUTE
BULALO	CHICKEN INASAL
CRISPY PATA	DINUGUAN AT PUTO
FISH TINOLA	ILOCOS EMPANADA
KAMARO	KARE-KARE
LAING	LECHON
PANCIT PALABOK	PINAKBET
SINIGANG	SINUGNO
SISIG	TAPA

FRENCH FOODS

```
H E B D G C R O I S S A N T T N J C F E
Y S Z P A I N D E C A M P A G N E U A F
M P B R U E S S A H C T E L U O P Y R O
J H V N X X I P J J B E K K D E L X B C
D N O T E R B R A F P T C M R A W Z R H
B O Z G G M Y X X Q R O K R L K V F E I
H V M W H A K F O L M L U Z Z K R S T C
T O V L A G I K L U G E L F I A I P O K
B M H N K C K C H B B T R L I O Y Q N E
A U T Q E L I R Q N Q A Q S R H U B L N
E Q Q L D G U J O J W M I S B B B G E M
C M L T K A B B F K G E E A O J E N U A
K E K B A N M O U L R D G U G E S U T R
E G H B G U I C M Y E U L N G F U G Y E
O Q A V J E W N Z T E E O W U K L M C N
F B L F G P Y D T T A L U E J K M G E G
F Z W R D V G E T U H N S D Y C X L O O
E G A E N B L E M S O R B N R R P J I G
W S E D N A M R O N E T R A T T B P T O
O P H Z G E H C U O B M E U Q O R C V U
```

BABA AU RHUM	BAECKEOFFE
BAGUETTE	BOULE
CHICKEN MARENGO	CROISSANT
CROQUEMBOUCHE	FAR BRETON
FICELLE	FOIE GRAS
FRAISIER	GALETTE DES ROIS
JUMBON-BEURRE	MATELOTE
PAIN DE CAMPAGNE	POULET CHASSEUR
TARTE NORMANDE	

GERMAN FOODS

```
A  B  Q  U  E  D  S  I  E  I  T  T  E  H  G  A  P  S  J  S
M  E  U  A  P  F  E  L  S  T  R  U  D  E  L  L  A  H  H  F
V  U  W  M  J  R  T  Q  U  O  P  U  N  R  M  O  P  R  F  N
Z  F  M  X  O  A  W  F  U  M  X  G  I  D  O  X  U  T  Z  E
M  G  P  Q  W  S  W  L  S  P  A  R  G  E  L  M  J  X  I  H
A  G  J  K  G  G  A  F  T  E  B  S  P  O  M  L  L  O  R  C
U  E  C  J  C  D  O  O  M  S  W  R  R  C  H  D  V  T  D  U
L  K  J  P  E  Y  E  Q  N  E  U  K  A  D  D  N  A  T  E  K
T  K  I  N  A  D  W  Q  C  S  C  A  Q  T  T  N  O  J  J  E
A  H  O  W  P  H  W  F  C  T  D  G  K  B  W  R  M  B  P  B
S  T  A  L  E  N  K  I  L  O  A  P  S  S  B  U  R  B  Q  I
C  B  U  M  L  H  A  E  I  L  Q  S  X  N  B  E  R  W  K  E
H  G  X  V  U  K  Z  J  R  L  W  W  R  J  Z  A  G  S  G  R
E  F  R  Y  B  T  O  Y  U  E  V  E  W  E  T  P  L  K  T  C
N  T  V  Y  I  W  N  R  J  N  U  X  L  N  O  T  U  J  I  K
K  V  I  N  N  A  X  P  N  A  C  N  L  O  Z  K  Q  M  P  Q
C  A  H  J  T  M  P  Z  B  B  B  A  T  G  F  K  E  E  W  L
S  C  K  D  B  X  J  R  N  D  R  B  K  K  M  R  Y  K  I  X
S  U  W  C  Z  L  E  P  K  F  C  O  P  R  V  J  J  N  W  F
R  L  B  L  A  C  K  F  O  R  E  S  T  G  A  T  E  A  U  Y
```

APFELSTRUDEL	BAUERNBROT
BLACK FOREST GATEAU	BRATWURST
BREZELN	KOLLKORNBROT
LABSKAUS	MAULTASCHEN
REIBEKUCHEN	ROLLMOPS
ROULADEN	SCHNITZEL
SPAGHETTIEIS	SPARGEL
STOLLEN	

INDIAN DISHES

```
S A L O O P A R A N T H A E K O D C G I
D B V S Y G R N K B K J D U B H C V G S
D G Y H R S S N U Z N A H E B H C E S X
S R I W M V H L L O K L O K Q Q A R P P
F G A S O M A S C G T E K F B Y V U J R
D U K P I Q O W H N D B L X V O I T L O
F N Z A Y W M F E V L I A J O A S A L G
A T G N E G R D Z E P S N E O C A H Z P
K U J J V Q A M R A W E H G D M B B P M
H R A I Q P H G F C F X R N R R P E I A
A I L R T A N U O L A T U A J X A L N S
K D E I U T T P G O U M S P M Y N O D A
H L B H A H Q O X V A P P A M K I H I L
R I I C C R V Z X B Q M I S F I P H C A
A V R G A O K O Y I H D N U E Z U C H C
S T A U V D T I B G P I U C Y Y R M A H
B N B K C E T U Y G K S V M H J I N N A
S Z R H B G O N D K I B A R F I A K A I
H V I R E A I L O P N A R O O P R Z J U
P X N I T I B H A R W A B H I N D I T B
```

AAMRAS	ALOO PARANTHA
APPAM	BHARWA BHINDI
CHHOLE BHATURE	DHOKLA
GHEWAR	GOND KI BARFI
GUNTUR IDLI	JALEBI
JALEBI-RABRI	KHAKHRA
KULCHE	MASALA CHAI
PANIPURI	PANJIRI
PATHRODE	PINDI CHANA
POORAN POLI	SAMOSA
UNDHIYO	

KOREAN DISHES

```
T M Y J B D L D C B K D X G H H E B M N
G G N F H B R S A M G Y E O P S A L X S
R U Z H G O B S C X G E Y E W R Y N Y M
J A I Y G N P K Y I O J K I U B E N Y R
Y G H I D Y A G S H G R P V M L K N B I
A A R N B A A T K O M N N D P K O E J E
K N C I F L S U N I I S A S M E H K G O
V G O P B U Y I J U O S I T J Y A W N M
B H L I K H R J K M E N E K N N B G F I
S O K H X V K V J B S A A O N I Z O E J
Z E O A M O K B C E L B M A N S S N C J
N E M X B B U W O C O Z S R N C A O I I
P X O N M L V L S H E O P E V F J Q B B
F W O Q G L L E D T Y Q M I J J U G A L
S E Z O Q O K S X P R D Q C G A L W V A
J L G H V B E W G U J E O L P A N E B G
S I R W N O E J U B U D B W D Z Q U X F
G E E U M S C Y O L L O E S N I S O A I
V C M A K C H A N G G U I J E T X V A B
G V A V Z R A N D O N G J J I M D A K Y
```

AGUJJIM	ANDONG JJIMDAK
BOSINTANG	BULGOGI
DUBUJEON	GALBI
GALBIJJIM	GANGHOE
GUJEOLPAN	HOBAKJEON
JEONBOKJJIM	MAEUNTANG
MAKCHANG GUI	OISEON
SAMGYEOPSAL	SANNAKJI
SINSEOLLO	SUKHOE
YUKHOE	

Mexican Cuisines

```
N S J B P K H N C H I L E R E L L E N O
J U I O R S S C L I Z E A B V A M J C Y
N A E N I Q U T A W Y E W J V C A S H X
D D C N C R L K D R S L E S P A R E G X
Q E A S C M O W Z W N T A N W R Q A A N
K R D O E H B L O U A I O K T N U F C D
U O A P C D I X I M I Q T R U E E L A T
A T G E H Y C L A H O K T A U A S Q R D
O A O S I S F L A W C W O O S S I T N Z
C C H A L W E K B D I H W A D A T O M A
N O A K E S C F K I A W N T L D A H G Y
A S A M C C E M I T A S U V Y A S U R G
L F T K O L U O I K V M Y U D K A O X L
B E R E L Q E P U K G O N S G C K U G I
E P O L O M V O Z G Q U D A H S M M K O
L X T O R G C O N C H A S I G L V E T W
O A R Z A S H C K O A A L V U M B U O V
Z R O O D O U V X V R E M F M V X D V P
O U D P O M C O C H I N I T A P I B I L
P P B L R Q U E S E D I L L A S I F N A
```

AGUACHILE	CARNE ASADA
CARNITAS	CEMITAS
CHILE COLORADO	CHILE RELLENO
CHILORIO	COCHINITA PIBIL
CONCHAS	ENCHILADAS
MARQUESITAS	POZOLE
POZOLE BLANCO	QUESEDILLAS
SOPES	SUADERO TACOS
TAMALES	TORTA AHOGADA

RUSSIAN FOODS

```
T F M R K E M R T V S C F Z G T F X M I
A A Q G S T W I L A F K Q V I E U K H A
Z D F T Y L A N O R H L I Y R L H V E X
W M B A T U K T R E Y C K N J T L I K F
D P Z M F V N X Q N L B I D Q U K K X J
R J Z W C B A S W I I Q N T Z C I H D N
E V N E L E Y H N K N A R A W Y L Z A M
S I S I A K L S A I E D Y G Y K H O C O
S L N N P Z O B T Y M L S G R S S R Y L
E Y H V S N S B E I L B G A U R A I Q I
D N C X A R B N H K E K S E P A H P U V
H Q Y S J W Q C M N P S I K F H S M G I
E Y J R N N H H F P O P C C E Z T A T E
R R B O R S C H T L J A K H S O R K O R
R F B S X C D N N I K U V U Y P B N M S
I D H Q S K R I V H B R Q T B M M G R A
N K A S H A K E T J W P R Y A N I K I L
G U K D T U V T Z W U D U B L S H N N A
D V D I D N G K K H O L O D E T S C U D
L B E E F S T R O G A N O F F Z F Q U N
```

BEEF STROGANOFF	BLINY
BORSCHT	DRESSED HERRING
KASHA	KHOLODETS
KVASS	OKROSHKA
OLIVIER SALAD	PELMENI
PIROZHKI	POZHARSKY CUTLET
PRYANIKI	RASSOLNIK
SHASHLIK	SHCHI
SOLYANKA	SYRNIKI
UKHA	VARENIKI

RELIGIONS

```
J V T V U Y O C W P G G B I R H M E I Y
F Y M T T Z G A S R O D M L X G D Z P I
X I H I V W B O I O L T R S O K P R S Z
F J B M S P R D L T R K F J I B C H W Z
B H A S J L U A G E C J B O N N I J U L
P U G I C G A I A S Y I A F I N I B U U
P Z S V N F B M Q T B A Z I T F A A F T
S K S A Z I T J X A M Y T O W Q U M J H
P U R N M X S R I N S W H N F F I J A E
I Q C H T S B M F T I U T F A C E L M R
R A X S I D I J W I F O U S S D A H E A
I M F I H P O D I S U L D X J D E Y T N
T N J A V C D N I M S D K W U W A V H I
U S H V L J P N A S N N E R F E M M O S
A I N F O T K W L T A C A R L V X P D M
L D J U H L G Q L E I H C D P D B J I S
I Z C Y Q P R F C J M S H S I M A A S E
S L U T H E R A N I S M M O R X X R M I
M Y V Z M N C G Y G O L O T N E I C S U
U P L F Q P R Q Y B L A V P R V E W F G
```

ALADURA	AMISH
BON	CAO DAI
DONATISM	HASIDISM
ISLAM	JAINISM
LUTHERANISM	METHODISM
PROTESTANTISM	SCIENTOLOGY
SHINTO	SPIRITUALISM
SUFISM	VAISHNAVISM
VEDANTA	

ANCIENT ROMAN GODS

```
X W V K F Z F S U T M I C J U W V Z J V
C O J J B Y A Q Q B D X L T D H F F S X
U E P E A F W L Y G E M D H Y I F C C J
D J Q A D E J R R K P A P J S L K W J W
E U Y C B D U E R X R G T U A O T P K Y
V V R O A C T M C E C H H N A X M V P M
E E M V R I K Z P S I C A B O L P O R P
R N H E P P F S R P C I X P V D D N W B
R T M U C T E A P A D Y U S Q Q Y U O K
A A J C E H M O B A P O L L O M H J U H
A S H G U V N U S A T U R N V D U R Y Q
U S X E L A A Y G W H S A Q W V K S W L
A V R E N I M G D F U U K S U N E V L L
T C Q E N U T P E N O A S H D Z F J G D
O V N I L V B E I T I G W A J S R N A A
J U W S Q Y I H A S H Z S O E H X F N Q
T Z B I U Y T R E Q X N H R S H T Q L Z
E Y L R D F Y D O R P D E S E W M L K H
V L X I D W E D O N P C C E U D Z A L Q
A W F V U L C A N L I B E R T A S L J T
```

APOLLO	BACCHUS
CERES	DEVERRA
DIANA	EDESIA
HESPERA	HIPPONA
IRIS	JUNO
JUPITER	JUVENTAS
LIBERTAS	MARS
MERCURY	MINERVA
NEPTUNE	SATURN
VENUS	VULCAN

BIBLICAL CHARACTERS (NEW TESTAMENT)

```
J P O R C I U S F E S T U S O A P M D V
S U S R A T F O L U A P P I W N D U C Z
S V H B U E H X W E R O K F Q A N U V A
T X I S K P L N L R N R A P J N Y G J C
H V S X F G A S X T E W L R C I P V U Y
X I Q Q E O A O I P W T M B S A D T T B
N P M D P N P U Z I K A E H B S J A O G
N W V F A S S I M L R R H P Y A H E I E
Y S J N Y P A S J Y U M W O M X F R R G
G P U X I E T H M O H Q N E L I S G O H
A S E L X E O A P P S P S G K B F E C T
P Q A L P T G S Y A W E C M A H I H S R
N T W H H D A H F F I X P R Y M F T I P
E M E I A H T H Z U U A N H U Q K D S J
E N X L P O L S H O Y A C T U Y T O A J
P N E A M G U I Q T B F P I I T W R D K
U N I I K O K R Z A A C C M K Y K E U Q
E A T E W P E E S C F X F L P B Z H J H
C A O O J O H N T H E B A P T I S T G O
T Q C H T E R A Z A N F O S U S E J S H
```

ANANIAS	ANANUS
BARNABAS	CAIAPHAS
HEROD THE GREAT	JAMES
JESUS OF NAZARETH	JOHN THE BAPTIST
JOSEPH	JUDAS ISCORIOT
LUKE	MARY MAGDALENE
PAUL OF TARSUS	PETER
PONTIUS PILATE	PORCIUS FESTUS
STEPHEN	TIMOTHY

BIBLICAL CHARACTERS (OLD TESTAMENT)

```
Q Q R W O H G G O Q C B F I K M B S E B
D L D G Y F R C L P H D C U S A K I D O
X T N M W B J E W P O O V E L D M E V R
Q Z T J L O U S M E I U K Y F A L P A A
A X U P A M A A R O N J O S H U A A I B
I Z E B A P C L C W Z T B J F H R J L T
Q H Z S G L X S E S O M K B C B H O B I
N I O L X W G X H B J P F X G O T T Y P
O H N O M O L O S A E S J X A C E Q G D
K A B R A H A M C Z J Z A Y A A V D S N
U H L L H P E S O J Q I E U Q J U O O M
A U L M K L O O L I X P L J V M L S W Z
E W U A N V P I F E B L T E E Z M Z R M
Z U A W B V W V J V N Y K S Y A U K M I
S Q S U X S I V P K E J T C S W E S O F
B E N I V S A M I U E H R N A C H F L D
A C J I C W Q L Y O E P O G J A C R V F
H O Y Z H X M W O R H A G A S F S L V T
A F X C L X I B N M H Y J G Q Q Z I W D
O O C E V E Q Y P H W R J D A V I D S N
```

AARON JOSHUA	ABRAHAM
ABSALOM	ADAM
AHAB	DAVID
ELIJAH	ESTHER
EVE	ISAAC
JACOB	JEZEBEL
JOAB	JOSEPH
MOSES	NOAH
SAMSON	SAMUEL
SAUL	SOLOMON

CHINESE GODS

```
M C G H M Z Q I A L Z M C T C N P V P E
X E S H V Y J D I I N N O B X A P S F V
N R H T P Z N G X A U L A L S B U W N A
U L W K F N N G I J P X K W A U G E M T
Z A Z R J O N X J Z I D Y P G L H L R Q
A D M Z G A U B M A Y Z H S I S H W O Q
M Q J I H H I I N F N M I U G A M G J U
Q E E C G Y J X A Q B O R N G E H K G Q
A L Y X U N D I Q W R Y A X N T P U S D
E F C O U D A A U O G L R S D R A X O N
V E H H H J F W K T R L H B C N W L C C
X Y C C G U E P G E I E H U Y R A J K A
G P P R O J M U X N N A Q I J Y C S V N
M N B X F I D U S R O G N M H A D G O G
L R Z N B U S I O L U L K X I O V J D J
F M D N Q I X P A D R Y D S U H G T L I
X Q D G N O G I J N U D H I O A B Q L E
X U S N S C R I F I M E D K J V N J E I
S H F Q V U S W S G N U E Q S U A N R D
Q N P D X O R L W A P E M L I J N I U E
```

BA XIAN	BIXIA
CAISHEN	CANGJIE
CHANGXI	DI JUN
DIANMU	DOUMU
ERLANG SHEN	FUXI
GUANYIN	HOU YI
HUXIAN	JI GONG
JIUTIAN XUANNU	LEI GONG
LONGWANG	LU BAN
MAZU	MENSHEN

CREATURES OF GREEK MYTHOLOGY

```
J E J P I R A O B N A I H T N A M Y R E
D X M A R E S O F D I O M E D E S Q N N
W L B A C L F C H C C S N E R I S C J N
K T S D R I B N A I L A H P M Y T S S E
K D M H Q D N K I Q N G J Y U O O O I M
Z N Q O P N Y W S E Y F A E N J X D D E
L S L E N Z W H M P T E L F P X G J B A
R G R M E Y S P N O N J L T E O M O Y N
O I L P W P X R G A X Z Y Z Y D D L R L
O P V U G S P I U F E D C X T P E I A I
L O E S G P S X Q A G A S S N R H Q H O
H A Y A Y E F A S O T E N E N A X O C N
O F H T I T I K R P V O Z R R P N C N L
Q P H P L M X G H C H D N S E X B E M I
I O R Q A C O X T K H I S I V L N R M S
N A Z L G N H C H L Y I N E M O D B O O
H W Q Y S E C H I D N A M X H B Q E Q B
U X O W V K J G W L D X W E Z E F R S W
C O L C H I A N D R A G O N R A L U P C
H U A C N I C E J E J N U P H A G S N M
```

CERBERUS	CHARYBDIS
CHIMERA	COLCHIAN DRAGON
ECHIDNA	EMPUSA
ERYMANTHIAN BOAR	GORGONS
HARPIES	LAMIA
LERNAEAN HYDRA	MARES OF DIOMEDES
MINOTAUR	NEMEAN LION
PYTHON	SCYLLA
SIRENS	SPHINX
STYMPHALIAN BIRDS	TYPHON

GREEK GODS

```
L S O N O R H C W T P C X B I E C G V M
T U N S A G P R A A Z D V X I O S J Z D
N Z X R I S Q R E R Q T P Q S U Q E U U
I K E Y Z R T G M T R Q I Z L H G P H G
E H Q O K E E U I A E H A O J C S M E K
Z W I J M S D S F R N M E W K E U Q M N
U C P I O W U H T U O A E W Z L T R E A
P Y S O A N T H A S D B P D S W S M R O
K Y P C A T D D G D I S V N H L E J A S
G Y T R R E H W K I E N P A N S A Y F T
Y W U H E R Z E U S S S Q A I S H O C C
T I F O Z E F B N Z O A V S D R P E K H
G T S L N R V H N A P W Z I T H E J J W
B O S I Q U E P A V A R O V Y J H P W T
A J M M P B U O P W S N D P E O A C P G
N Y D X F U F P B E Y C N P H E R M E S
R P M G E S M V Y S H O N K B K I U F P
J P J R J W C J U D S X X V T Q A B N Q
V W Q C H P A S N Q T F L X J S W U C M
W W J S U G C G C W K Z S N X A L N T E
```

AEOLUS	ARTEMIS
ATHENA	CHRONOS
DEMETER	DIONYSUS
ERIS	ERUBUS
HADES	HEMERA
HEPHAESTUS	HERA
HERMES	HYPNOS
NEMESIS	PAN
POSEIDON	TARTARUS
URANUS	ZEUS

HINDU DEITIES

```
Q I A L I Z W D P V U K M G R K O K Q W
F A A F L N A V U H B I R T F V B G U A
Q D A T J E D O O C C J G I E C Q F B V
I A E U I H C V G O R U X Z J B H P A A
U P X H L J J I K F T P Y Q Y Z F G F R
H A V B E A R L O T I I M R P T A W V U
D K A M T Z A A V X V A H C U H N I A N
L E R A S G M A P D A I R H B D J T H A
A J U S V H S L E A S S L T E G R B M M
U M N I F T I N D R A B U J A A A A U J
M D A W A S I X N S W H E T L H R F Z E
W I B X Z S V I L M F J L Y T E S T P Y
Z M N G A B D J M A G B K C L H T K I I
L X G G C Y J Y Z G T Q B V N Q I S A M
C A Y N A R D N A H C H I U A H A R A N
O U Z U J M U O W N Q S G D N G Y Q B K
Q Y S W D M Z B T C H H Y B A A Q X S I
E E Y N T P Z V W N V Q M W S H A H F K
K Q P O X Y H W U A J E G Y I V W J Y L
D S O K L R D A W A E X X D P W Z B A L
```

AGNI	AJA
APARJITA	BHAGA
CHANDRA	DYAUS
EKAPADA	HARA
INDRA	ISANA
MITRA	NAKSHATRA
RUDRA	SAMBHU
SAVITR	TRIBHUVAN
TVASTA	VARUNA
VISHNU	

JAPANESE GODS

```
F O Z T O O N A S U S N K I Y E D L S F
I M H M K W A I M C N X G J Q M C K W Q
K R M S L B K U G M X E Y T V O G Y N M
J I Z O J U E A Z A H P T R V G G J E B
B E U Y K W E Y G N N B M I U J X L L I
K P W U B S H R H U O A C B A Q B L H S
D R G Q Y F N N J R T N Z F F Z T N L H
D R X E L B I Z N B H S N I Y Y N Y A A
I E T O H H J F G P L A U A C Q T E H M
F Y P P L V I C Y X E N M C K G W G B O
U O K I F H A V M M Y A D P H U X B N N
K Y L N M R R X U Q T A G G H I X H L T
U N J A H T K Z B E I G I N I N T O F E
R Y P R D F U L R K T Z E D A J X D F N
O H S I U O F A O V O Y U D U P G E R G
K W L J N K S K V Y E A T R K J I R U F
U N I E Q U U S Y N E T O J I H C I K C
J N M U T T K D W R H J A X W J Q Z D J
U A A D E X R G D G I S C E B I S U Z L
O U L N W F Z Z B N R A E O E D D Q Y V
```

AMATERASU	AME-NO-UZUME
BENZAITEN	BISHAMONTEN
DAIKOKUTEN	EBISU
FUJIN	FUKUROKUJU
HODERI	HOTEI
INARI	IZANAGI
JIZO	JUROJIN
KAGUTSUCHI	KANNON
KICHIJOTEN	NINIGI
RAIJIN	SUSANOO

PHILIPPINE MYTHOLOGICAL CREATURES

```
W Z R C V T I G M A M A N U K A N P W U
E A P E G O I P C B U S A B D N J G U Z
U L S R Z K S Y J N I Z H C N R Z A A R
Z C A U O V X L A Y O F G K N L T B K W
G L S K B S F N O N K Z E R A G O M K T
N M U Z Z P M K N E A L H Y A T L S O B
A P L R Y A O T V L C K R O E U A S U A
L O D Y N Y L O B F E W Q O R C C W Z W
A D W A L R E G K E K L A B L A B H Y K
B X U E N D W N J I R A M O M O N G O U
K L B I K O N U Z O P B W D W L C G G N
I O X F A T U G K R X D E K K O P W Z A
T Z L Y P A M N G R O Z B R A I V X T W
D O R W R K X A M S D I P M O W C A E A
A P D Y E U K B P L K U N C T K N L C U
P A F S B P U T C S G O Z J A E A C T W
Z A I C A G J F K O K Z R S R S B H D C
X O W W G A P U T A G T K I B I R R W O
G H N E P M H B W T V F S Z D J V M K T
C N C U D A O A V S A R I M A N O K V H
```

AGTA	AMOMONGO
BAL-BAL	BANGUNGOT
BAWKUNAWA	BERBEROKA
BUSAW	KAPRE
KATAW	MAGPUKATOD
MANAUL	MNOKAWA
PUGOT	SARIMANOK
SIRENA	SIYOKOY
TIGMAMANUKAN	TIKBALANG
TIYANAK	WAKWAK

SAMOAN MYTHOLOGY

```
U M Y E S X A T A G A L O A Q K H J V K
Z T G R P Q T J S V K M C Y G X Z S B F
Q N D P G U O S A V E A S I U L E O U L
T I Z I V Z N J W L J Z T V C N R K T V
E R X D A F G V D T R W E N O Q O U S V
M P W T Y U A S A U A N K T U A D R V A
Y T U C H I S M G A F S T U P V L I N J
F O U F C W E V A L A P C L O H O C B R
N O H I W A L H C I R S L E L T N O V G
F F Y H T O K F I N L W Z E U G Q P B R
I S W I S A B C W I Y O K E U U H A N N
Y O I I T B A G M T X T G H P T T O C X
T S X P L I G F U F O N Z T I U O S R I
V O E F R B F A J F O A G D G X W L L Z
T M C I T B L I W H S F Q N Q C Q A U M
N N Y O U I F J U C M A O A E U V M Z P
I T C H K F Q U D T P N D A N A J H D H
F I S A G A A N E L B U W N S T O O S G
O J A M H T Y M G P C A T I P D V T E O
D W G H G M X C A V A S X S I M Y A N X
```

AFA	ATONGA
ATU	FA'ATIU
FISAGA	ILA
LOSI	MAFUI'E
MOSO'S FOOTPRINT	NAFANUA
PULOTU	SAVA
SAVALI	SAVEASI'ULEO
SINA AND THE EEL	TAEMA
TAGALOA	TINILAU
TUI FITI	UPOLU

TAGALOG DEITIES

```
A P W Y A W U L U L A K G N A L A G Y E
M N A H A Y J H I K A L O P A A M Y G Y
W D U M A N G A N L V Q P C E S A L W W
Z U J R W R N I K A P A T I G S L F P A
P A L A T P H M O B M I J N R X U G O W
H W M A N G A G A W A Y X D V Z K C R U
V V W S P D A S H Y Q U N J A M U Y F L
I J E S L H I I A C A K E L J P K L W U
O U B N L G F Y N U P R A Z S T G A M L
Y Z B Q B G T L A A B H I Y R M N K E A
A P M Y I L R T N N T A L N R S A A L K
L O K G M N Y M I A M H T O O M M M U G
O T O O M W O D B F G A E N A H W P K N
G W M H O K I L C W J U S N U F D A A A
A A P J E Y M C U C F D I A S T H T M L
N X T U A T Q F O P Y K S N L I I I U I
A C E N F S Y N D G A Z G F Z A T N D L
P O A P Y U G K V B G M S M K J N A A U
B L C A E Z C K L D A F S U Q V J T N F
E F V V X E Y E M Q G A D T V B K O A W
```

AMANIKABLE	ANAGOLAY
ANITUN TABU	APOLAKI
BATHALA	DIYAN MASALANTA
DUMAKULEM	DUMANGAN
GALANG KALULUWA	HANAN
IDIYANALE	IKAPATI
LAKAMPATI	MANGAGAWAY
MANGKUKULAM	MAPULON
MAYARI	SITAN
TALA	ULILANG KALULUWA

HOLIDAYS

```
2 V 7 3 S T N I C H O L A S E V E W E W
4 C A O O Y G M A S L E N I S T A 7 R 2
E A S T E R 0 4 A P R I L 1 M D 6 A P 8
Y T N H C T A V E H S B U T K H M I R 4
A Y H A B 4 Q 3 8 H 1 Z O P L Z S A I L
D X S N Z 5 C 6 6 0 V 4 B N A O E J H A
S A X K B O F 7 G X 5 7 E N T Y M C X V
K F 9 S V 5 Y P Y 2 W E A R W B H 0 8 I
C A K G L Y Y G U 3 W N E E O R L 3 X T
I H V I 0 J L B 7 O D U N D I E E D R S
R E B V Y 9 V T L I M R H S Z 3 T 4 L E
T 1 O I S S 5 L D E A I T E H Z W L A F
A 0 4 N F Z A 7 D N D M V 2 B 8 O R R H
P I 9 G E H I A U A A H F R L W 5 A Y A
T I L D M W I L Y S M D A 9 Q H 6 S K K
S E A A 6 D Y 6 A A I N U J A T S E F K
B B H Y W V B E 5 4 Q C I Q W S O U S U
8 Q 8 C 7 I C J A J L Q G L V N E Z 3 N
A X 3 U A Q D X W R L J J O U 5 F A E A
I F S L H T V A L E N T I N E S D A Y H
```

BODHI DAY	CHRISTMAS
DIA DE MUERTOS	DIWALI
EASTER 04 APRIL	FESTA JUNIA
HALLOWEEN	HANUKKAH FESTIVAL
LUNAR NEW YEAR	MASLENISTA
NEW YEAR	RAMZAN AND ID
ST. NICHOLAS EVE	ST. PATRICKS DAY
THANKSGIVING DAY	TU B'SHEVAT
VALENTINE'S DAY	

CONSTELLATIONS

```
R  J  I  A  V  K  K  R  H  V  O  W  I  R  X  G  H  Y  J  D
Q  N  T  C  V  U  D  T  N  G  L  Y  Q  B  D  V  A  I  D  V
K  W  A  M  R  O  J  A  M  S  I  N  A  C  S  N  G  L  U  J
W  G  Q  W  P  R  O  J  A  M  A  S  R  U  T  J  L  L  U  D
P  I  T  P  L  E  I  A  D  E  S  O  A  A  K  R  M  G  P  V
U  Y  R  A  R  R  K  N  P  S  Z  S  R  Q  A  N  L  Q  W  S
R  P  F  L  U  L  G  P  C  A  Y  E  W  U  U  Q  R  E  J  Y
S  F  K  S  Y  R  L  E  S  O  S  C  N  N  S  A  S  T  G  R
A  H  D  R  K  G  U  H  Q  R  A  I  Y  E  A  V  R  P  V  C
M  F  A  R  I  E  S  S  Q  S  S  P  E  P  Y  U  S  I  Y  L
I  P  O  L  A  R  I  S  S  C  X  X  S  E  C  S  I  P  U  Q
N  C  O  X  I  W  V  I  O  M  O  C  M  O  E  L  N  I  O  S
O  O  R  E  S  P  O  R  T  U  Y  C  A  N  O  P  U  S  H  F
R  I  I  N  S  P  P  O  F  G  M  K  N  D  J  K  W  U  J  W
S  I  O  G  E  I  D  C  N  A  E  O  F  G  G  I  R  Z  Y  A
F  N  N  I  U  S  P  U  C  A  G  F  N  C  B  C  X  Q  A  O
S  I  A  S  L  Y  S  V  V  A  L  I  U  Q  A  P  M  T  H  T
H  M  T  U  E  I  T  U  H  D  B  F  R  C  P  J  Y  C  Y  M
E  E  L  K  N  D  E  S  U  I  R  I  S  M  D  J  E  M  P  Q
Y  G  H  A  E  L  Q  N  Y  L  X  D  R  K  F  N  T  L  O  P
```

ANTARES	AQUARIUS
AQUILA	ARIES
CANIS MAJOR	CANOPUS
CASSIOPEIA	CYGNUS
GEMINI	LEO
LYRA	ORION
PISCES	PLEIADES
POLARIS	SCORPIUS
SIRIUS	TAURUS
URSA MAJOR	URSA MINOR

FAMOUS LANDMARKS

```
E L A N I H C F O L L A W T A E R G N M
A T F X Z E C A L A P D N A R G Z L G N
S I R S E X V I C T O R I A F A L L S O
T E A R M O U N T R U S H M O R E C W D
E U Z Y E S U O H A R E P O Y E N D Y S
R Q Y F A A M T A F I L A H K J R U B J
I S A T I B I G P W S G Z D M U M K J D
S O W T R D G O E Q N O S F D X K A V C
L M E N A E K N F C M Q W X O I K L V R
A E S I Y J B E O O R D R S N Y Y Q L Q
N U U X F K M I G L S C K N D A R T E P
D L A M F E K A L N A E H S Y J N F Q W
N B C F S R L N H F E H M W T B G Q C W
J O S D P O O T R A O H F O H V I T U J
G O T C D N B T O M L E E V D B K N E R
V K N N C J S X O W N R U N N E P Y D L
O E A F W X N S Q S E B B T O B U W J Q
F C I U A B I K E H J R Y O A T S L A B
E V G D P A C R O P O L I S O T S F B M
T G T F Q I P A S K V Z K S N T S R S J
```

ACROPOLIS

BLUE DOMES OF OIA

BLUE MOSQUE

BURJ KHALIFA

EASTER ISLAND

EIFEL TOWER

GIANTS CAUSEWAY

GRAND PALACE

GREAT WALL OF CHINA

HA LONG BAY

MOUNT RUSHMORE

PETRA

STATUE OF LIBERTY

STONEHENGE

SYDNEY OPERA HOUSE

TAJ MAHAL

VICTORIA FALLS

LANGUAGES

```
D L N A I N E V O L S T C R A I P K U J
R T S N A I V T A L P F Y E N W Q C K I
Q N U K R A I N I A N H W J Q F L Z D R
G F D F J N O R T H E R N H I N D K O P
R V A F A G A K K X R O R N I H H D J M
W A N L M V B O W D P U N F N C L Z P N
G N E F B D Y R N M R I S A E T O B P T
U M S P I S J E B Z S M F S J U S W E P
A W E E M S T A Q H G T E Z I D H A S N
I B A B A B O N V U A I Y P H A B N A W
M N R B L Z X M T M V D U K B H N I M K
N E A N A A B H A C K H M E R S B P Y R
E A B I Y M O X M L N E G P X R S R L M
I J I L S V O M O S I Y C A E Q G I R N
A B C T G R T H L W U O N S V Y A T C A
E O O E A R E X D N X K F E Z X G K L O
C H A V H O Z P O P N J D U G U L E T I
A U Q Y R Q R B V Q K E D A H M A L A Y
K J W P G M S C A D E X V Z X I I M Y V
E S P A N I S H N R W S I R B J N D Z R
```

CROATIAN	DUTCH
FINNISH	JAMBI MALAY
KEDAH MALAY	KHMER
KOREAN	KYRGYZ
LATVIAN	MOLDOVAN
NORTHERN HINDKO	PERSIAN
RUSSIAN	SERBIAN
SLOVENIAN	SOMALI
SPANISH	SUDANESE ARABIC
TELUGU	UKRAINIAN

MAJOR SPORTING EVENTS

```
Z K K J U O P R Q T Q N P I N R X D V S
E F Y V C V Q O R M B I F D M A L U B E
U R G E C J Y M L A Z G A S W N M S R C
A B L H H B X N F O L J A D O X S V Z N
N M W X S X N I G S A Q H H H E I P X A
D X O E O P N B P B C T T B N G U R I R
K O B O I A L O P O R A P D M C C L H F
E L E B L H R A S U R I A A R W W Q E E
N Y S S P M K U N A C M T E L O Q V T D
T M O D W P J R M O H D D I R E Y F V R
U P R I O A R N V C I Y L L S K R Y X U
C I P N A N O T R L R T D R R H F M D O
K C O I V T O A Q N W S A Q O J O E O T
Y G V E S N M D N W E O D N T W R P N Y
D A T O I U A Y E R X B B Y D M A W E V
E M B M I M L K I L G A H R C N B F O N
R E S L Z J M E K Z B O V I E W A S I X
B S X I T A S K M R X M O S P P S R U F
Y E T B K H E T Z L S E I I H E U N G F
K B A U Y P W G Y C Q L I W N S U S U T
```

BOSTON MARATHON	BRITISH OPEN
FIFA WORLD CUP	GRAND NATIONAL
KENTUCKY DERBY	MARCH MADNESS
NBA FINALS	OLYMPIC GAMES
POLO AT PALERMO	ROSE BOWL
RYDER CUP	SUPER BOWL
TOUR DE FRANCE	WIMBLEDON
WORLD SERIES	

OLYMPIC SPORTS

```
S G O M O U N T A I N B I K I N G H H E
Z W X X T R I A T H A L O N O F C W D A
P Z T R A C K C Y C L I N G T M B R L S
A K L C U N A I R T S E U Q E Y B E L T
V U W E I G H T L I F T I N G O D S A W
C J L Z S V L L A B Y E L L O V T T B W
N H I C V R H G N S G N I W O R Y L E Q
I Q T D U I P N A R Y D X M B Y U I S C
D C F G X V V I G J M G X Y P U Y N A Z
L O B V N M L D E O S O W X G B O G B E
W Y T M G I V R L O L Y S G Y F B T V X
Q R N D N U T A D S M F R I N M H I Y M
L K D G I E V O Z L E U L E N I Q J M X
P T M T C X K B O D S W X G H N X W C H
U K U O N I H E S H Z J I M L C E O R W
J M R E E B J T J J S G U O I H R T B T
J Y Q K F Y B A E I X Z D V E F M A V R
X W Y Z D A H K R E G U M A F T C S T C
H T M N J D M S W Z J A O T K F V G X J
Y U I M R K O G Z R I Z U A X R I Z U D
```

ARCHERY	BASEBALL
BMX	BOXING
EQUESTRIAN	FENCING
GOLF	JUDO
MOUNTAIN BIKING	ROWING
RUGBY	SAILING
SHOOTING	SKATEBOARDING
TENNIS	TRACK CYCLING
TRIATHALON	VOLLEYBALL
WEIGHT LIFTING	WRESTLING

WORLD FAMOUS ATHLETES

```
B J E R R Y R I C E T H N W I Q U A M Z
R O G M A B N A Y R N A L O N T M Q W Z
Y R S A M M Y B A U G H N O F S C O A O
W E G T R D A N N T N Y Q I W J Y K P I
G T W F T E E Z Q R O O F A L L X G H G
E F J M B F B H A U R N S Z P C L O E G
S A O Q P D T N Z C Y O Y B S K C U S A
E R K V K U Z E I F T D Y R I Q U K V M
R K E P U B H D F H N A Y E O G G N X I
G C Z T Y D O R I S H A R T M C B C L D
I I C I R W V Y Z T O K V T Z E H O E E
O R R Q A E K X N Z I A Z R Y K R E B O
A T E H H E O N W O R B M I J I G S Y J
G A S Z E S Y L C K N N O A A D O M O Y
U P U A I G A D A K V I Q S G B X J E N
E D J K Q J U N O S N H O J C I G A M X
R N G B Z O Z O N E D I E H C I R E O G
O K U D O N Q A L H O U R A H A D A S O
Y W O R N L I O N E L M E S S I K B A B
P N Q U E D D I E A R C A R O D A D W E
```

AL OERTER	BOB GIBSON
DORIS HART	EDDIE ARCARO
ERIC HEIDEN	JERRY RICE
JIM BROWN	JOE DIMAGGIO
LIONEL MESSI	LOU GEHRIG
MAGIC JOHNSON	NOLAN RYAN
PATRICK RAFTER	ROY EMERSON
SADAHARU OH	SAMMY BAUGH
SERGIO AGUERO	TONY ROCHE

GLOBALLY RECOGNIZED SINGERS

```
R  C  H  W  X  C  H  T  S  E  D  N  E  M  N  W  A  H  S  V
Q  Y  S  T  O  K  L  C  A  M  I  L  A  C  A  B  E  L  L  O
D  N  R  W  H  R  S  R  A  M  O  N  U  R  B  S  V  G  N  J
Y  D  M  R  S  U  S  L  G  B  P  C  W  Q  W  V  L  A  M  R
C  U  I  O  E  B  V  Q  E  N  Z  W  H  Z  P  V  R  F  G  J
T  S  Y  W  L  P  E  I  C  T  C  G  Y  B  Z  E  X  M  Y  X
O  X  T  G  Q  A  Y  Y  V  X  C  W  N  Z  E  W  A  M  W  N
L  Z  A  S  L  T  D  T  O  N  S  L  Q  H  Q  M  X  I  X  B
I  D  C  B  K  C  I  Y  A  N  U  A  S  I  L  T  G  M  D  P
V  D  A  I  Y  W  F  M  G  K  C  D  M  C  M  K  D  U  N  L
I  E  J  L  D  E  K  W  R  A  E  E  A  S  D  H  A  I  O  F
A  M  O  L  Y  C  S  L  M  I  G  T  V  V  M  L  R  D  P  Z
R  I  D  I  D  Q  Q  L  W  X  A  A  Q  N  I  I  N  G  D  A
O  L  O  E  T  I  A  M  A  N  O  D  Y  P  E  R  T  J  D  Y
D  O  M  E  L  F  H  M  N  H  R  E  A  J  L  O  N  H  W  N
R  V  X  I  F  Z  N  A  Y  Q  M  L  F  M  D  E  F  F  T  M
I  A  B  L  G  H  H  O  B  A  B  E  R  R  Q  W  Z  A  A  A
G  T  M  I  A  I  T  G  S  U  S  I  A  B  A  W  F  Q  Y  L
O  O  T  S  R  P  J  F  S  E  L  E  N  A  G  O  M  E  Z  I
B  V  B  H  I  K  Y  U  H  T  U  P  E  I  L  R  A  H  C  K
```

ADELE	BEYONCE
BILLIE EILISH	BRUNO MARS
CAMILA CABELLO	CHARLIE PUTH
DEMI LOVATO	DOJA CAT
DUA LIPA	ED SHEERAN
HALSEY	KATY PERRY
LADY GAGA	OLIVIA RODRIGO
RIHANNA	SAM SMITH
SELENA GOMEZ	SHAWN MENDES
SIA	ZAYN MALIK

HISTORICAL FIGURES

```
F U I I O H H G O G N A V T N E C N I V
E T C Z V G R N P P E L T O T S I R A O
C R N Z E D G A R A L L A N P O E X S T
X E I L P E L T S O P A E H T L U A P T
T R V Q S G Q T C A R L L I N N A E U S
H F A U X O Y I K X B B A T S M A V H F
O B D K A W C M A P Q L I N H A I V A J
M Y O I O S N R B T S O E J A R R F L M
A Q D O R V Z F A E O K O U M T O Y B D
S C R E X Y I Y T T C S G J R I T E E O
J H A F N R D A F I E U U N M N C L R C
E W N A N N L L D P S S P I C L I S T Z
F D O E C O E S U T Z J H A R U V E E W
F L E H K G E K U B Y T O W A T N R I P
E A L I J L S S F B G D K T F H E P N S
R Z N C R N G P N N C G D K O E E S S Q
S S Q A S O O A Q Y H U S R N R U I T Q
O K H O E K S D Q B I O S A A L Q V E K
N C G E J W A K F X S E J M O S H L I E
F J K R S D C F V Z A L B L J J V N E N W
```

ALBERT EINSTEIN	ARISTOTLE
AUGUSTUS	CARL LINNAEUS
CHARLES DICKENS	EDGAR ALLAN POE
ELVIS PRESLEY	JOAN OF ARC
JOHN F. KENNEDY	LEONARDO DA VINCI
MARK TWAIN	MARTIN LUTHER
NIKOLA TESLA	PAUL THE APOSTLE
QUEEN VICTORIA	SOCRATES
THOMAS JEFFERSON	VINCENT VAN GOGH

WORLD CURRENCIES

```
Y R L R A L L O D N A I L A R T S U A Z
R U Y V W T N O W N A E R O K H T U O S
N S E N O R K N A I G E W R O N X D U Z
A S G P P H Y T O L Z H S I L O P L Z T
N I L N J M R A L L O D N A I D A N A C
O A A E I O E U R O P E A N E U R O D M
R N E Y W L L W X W L A H Z E T V V K E
K R R E I O R F U F V U S D O L L A R X
H U N S G N Z E B S M Y A L C D J L K I
S B A E T Z D Y T J W R U B V V S H E C
I L I N H H C I T S I I G B S L W P V A
D E L A W T A W A L D E S C T Y D E A N
E X I P S K O B H N Q N Z S Z F C K E P
W V Z A O M J S I V R C U U F J U K N E
S L A J R A I Q X A W U H O V R C Z Y S
O H R P O K E C P M H K P B P B A V I O
R U B O R X C R X L A T W E H W C N D G
P U G U F T M Q Y S B W J R E X J M C H
Z O T I G G N I R N A I S Y A L A M B V
S O U T H A F R I C A N R A N D I A Q I
```

AUSTRALIAN DOLLAR	BRAZILIAN REAL
CANADIAN DOLLAR	EUROPEAN EURO
INDIAN RUPEE	JAPANESE YEN
MALAYSIAN RINGGIT	MEXICAN PESO
NORWEGIAN KRONE	POLISH ZLOTY
POUND STERLING	RUSSIAN RUBLE
SOUTH AFRICAN RAND	SOUTH KOREAN WON
SWEDISH KRONA	SWISS FRANC
THAI BAHT	TURKISH LIRA
US DOLLAR	

MODES OF TRANSPORTATION

```
S E G E Q C L R Q F G Y Z F G M H D C G
B D I H P W Q A Y S J B C V F P O F M D
S O E Y W W H S B E V M E B T V V W R U
U T Z L Z T E R U A N P A O I H E D A B
S A A P Z R V A Z B H P U O D W R B K A
P U J O E P T D H E A L E X B T C A M I
E T G S B R N K O T I R A E U G R R G T
N O M Q O R G R V Y G S R B J N A C V R
D R R S B K I B X E U N N E A P F O J O
E I Y V R Y X A E B X O O D T H T D G L
D C U J E A F Q R T O L B S F B R E B L
M K Y W I G C E U B S E T J I D J T U E
O S Y E Y F T D X N Y G A R L F E O V Y
N H B P G A E F O Q L N Y W A Z P T I L
O A V E W P B V P P O A S G A M Z O W P
R W S U B L E M A C A E U H K V W R P R
A U L A V R A F U N I C U L A R B A A I
I R A T N T G W Y X N I G C Y L J E Y W
L C M V K U V T N I A R T O O B M A B H
N L Q P A N I H P L O D G N I Y L F Y V
```

AIRBOATS	AUTO RICKSHAW
BAMBOO TRAIN	BARCO DE TOTORA
CAMEL BUS	DUBAI TROLLEY
FLYING DOLPHIN	HABAL HABAL
HOVERCRAFT	ICE ANGEL
JEEPNEY	LAVRA FUNICULAR
PODCARS	SONGTHAEW
SUSPENDED MONORAIL	TERRA BUS
TRAMWAY	WATER BUS

EUROPEAN COUNTRIES – Solution

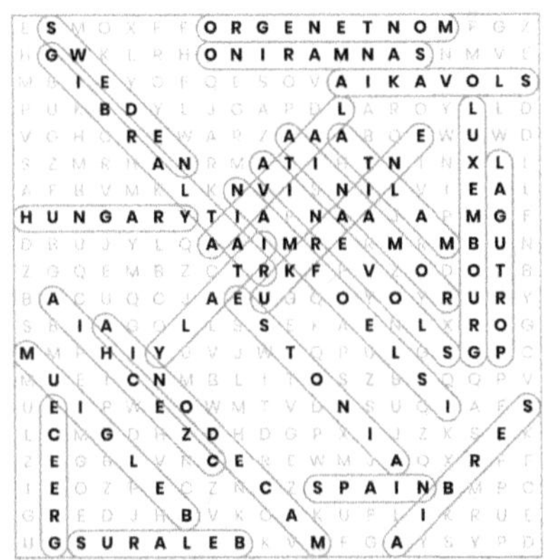

AFRICAN COUNTRIES – Solution

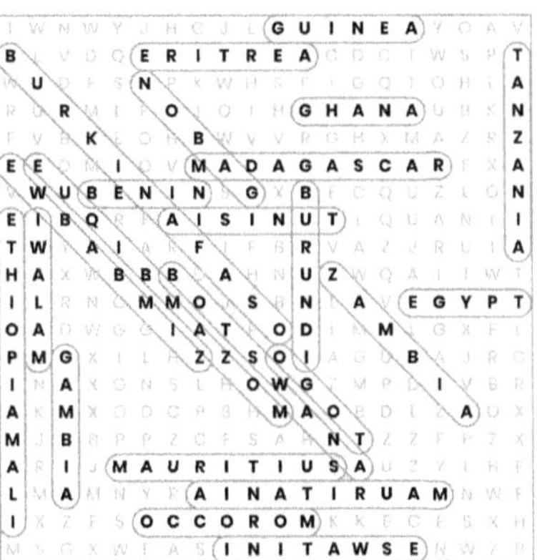

ASIAN COUNTRIES – Solution

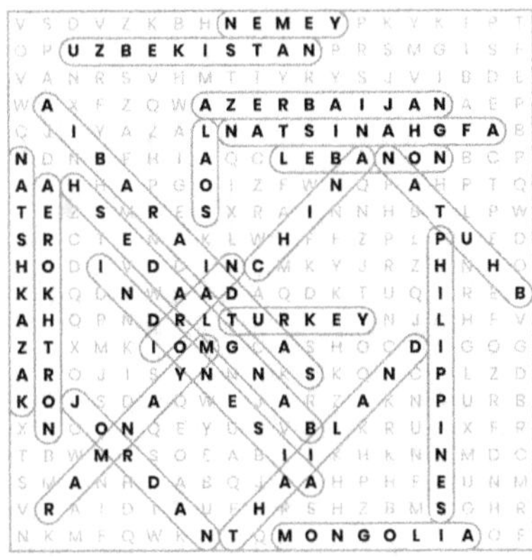

MEXICAN STATES – Solution

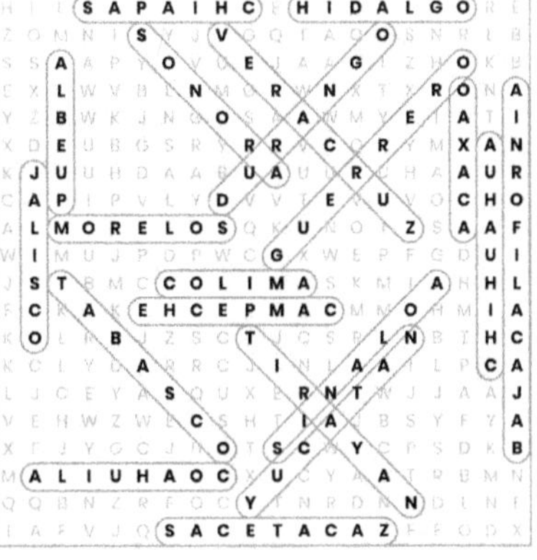

U.S. STATES – Solution

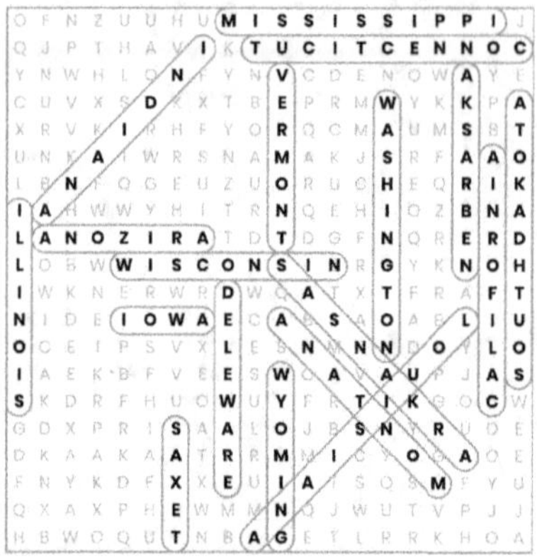

STATES AND UNIONS OF INDIA – Solution

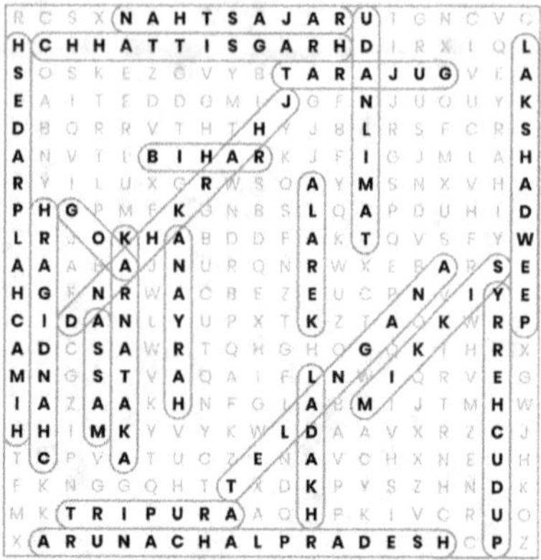

NATIONS CAPITALS – Solution

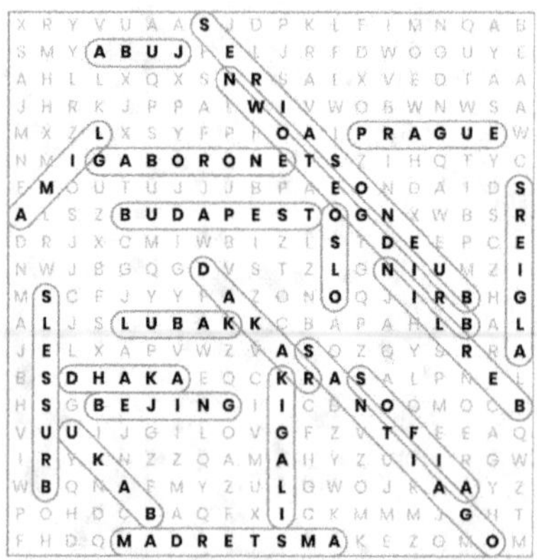

CAPITAL CITIES OF AMERICAN STATES – Solution

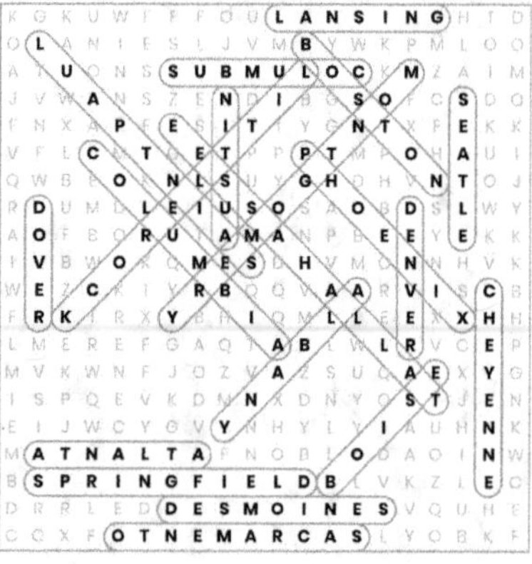

CAPITAL CITIES OF AFRICA – Solution

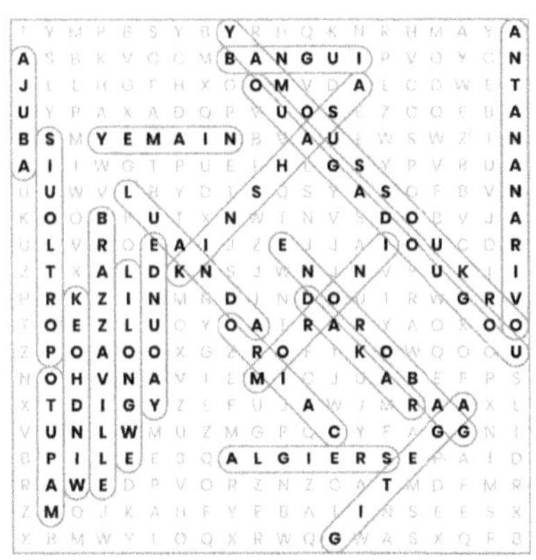

CAPITAL CITIES IN ASIA – Solution

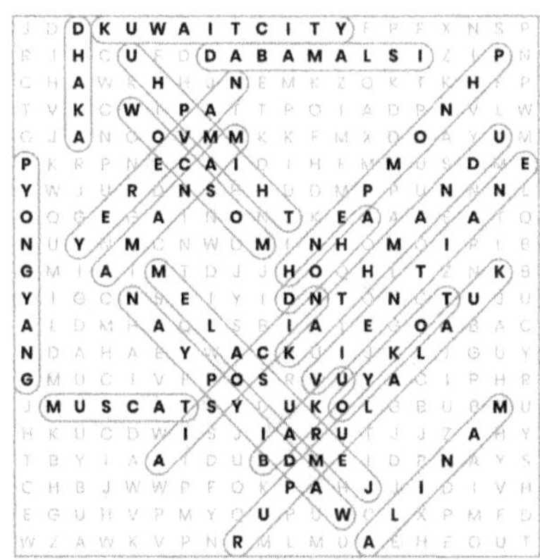

CAPITAL CITIES OF EUROPE – Solution

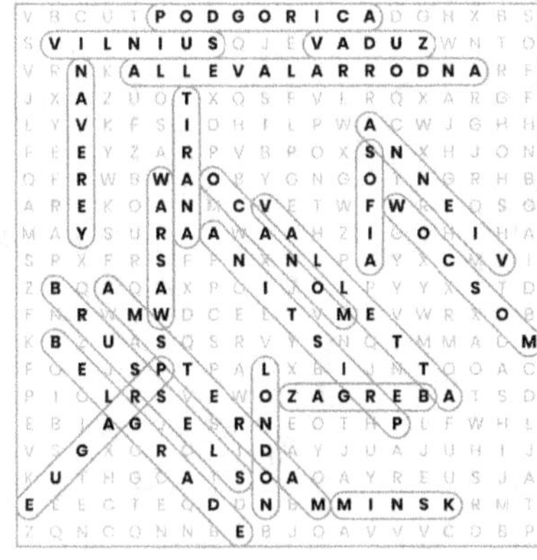

CAPITAL CITIES OF MEXCIAN STATES – Solution

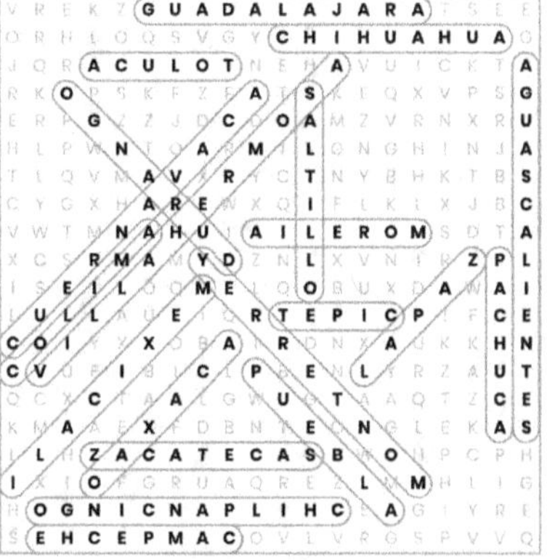

PHILIPPINE ISLANDS – Solution

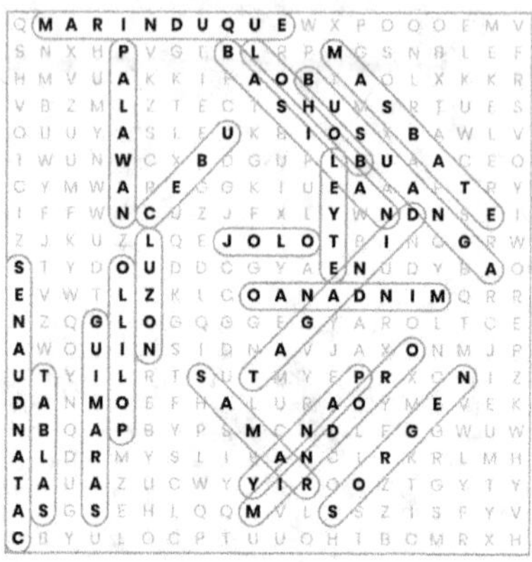

ISLANDS OF THE BAHAMAS – Solution

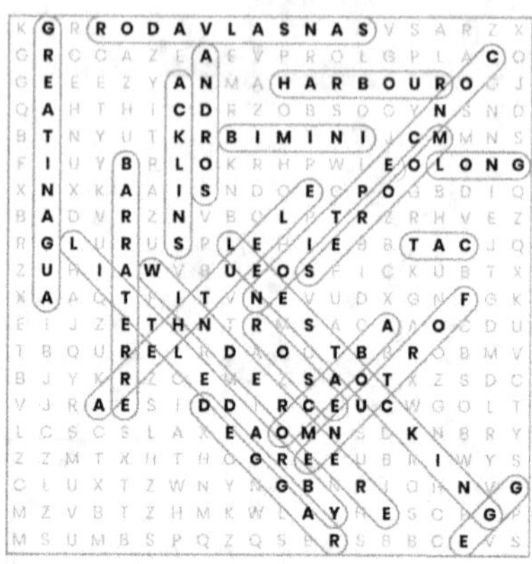

ISLANDS OF JAPAN – Solution

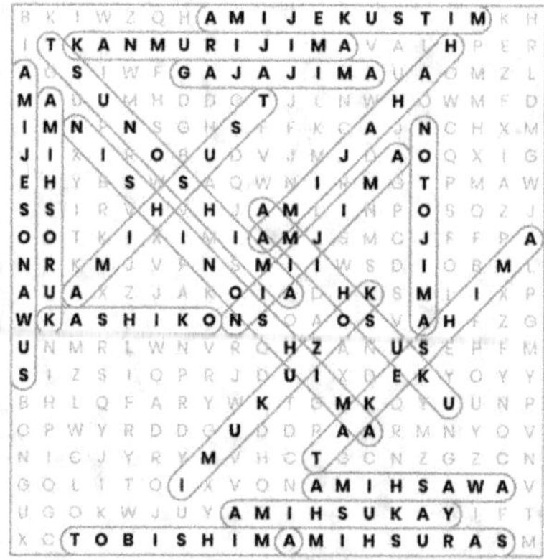

NATIONAL PARKS OF AUSTRALIA – Solution

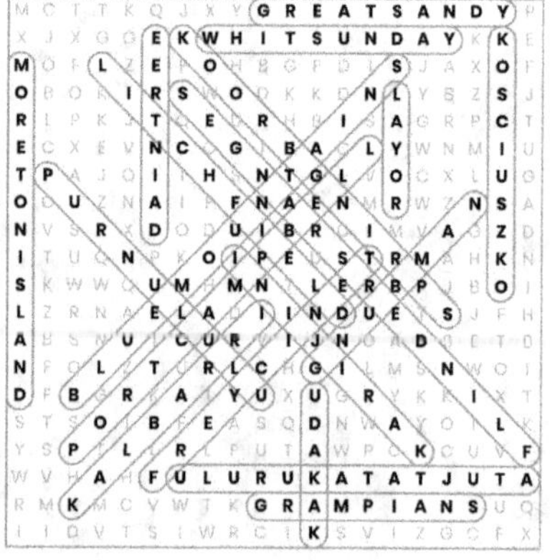

NATIONAL PARKS OF BRAZIL - Solution

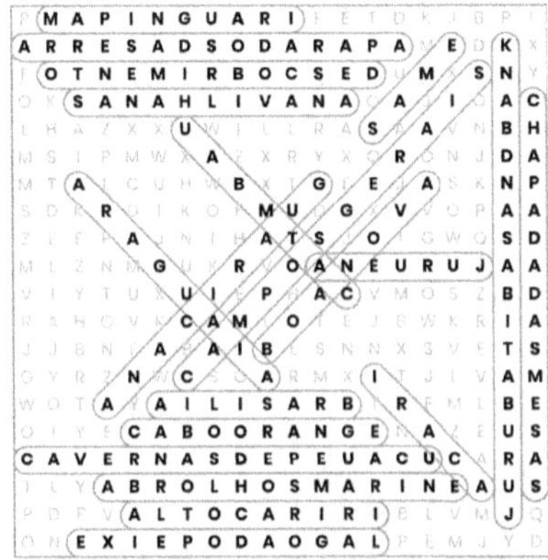

NATIONAL PARKS OF CANADA - Solution

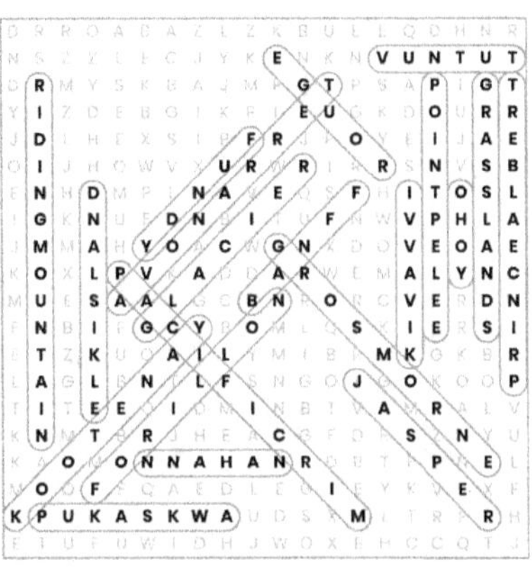

NATIONAL PARKS OF COSTA RICA - Solution

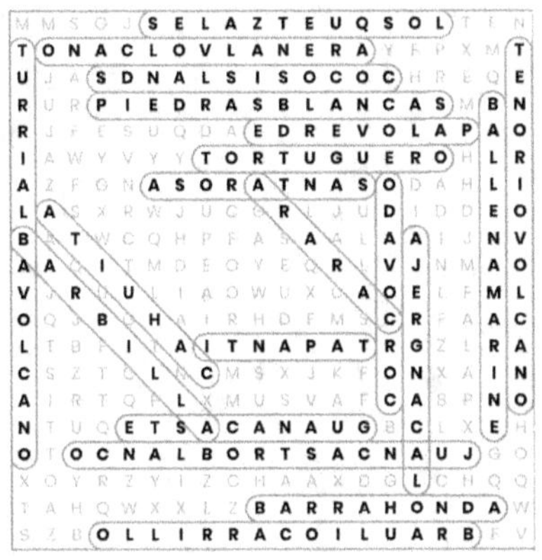

NATIONAL PARKS IN EUROPE - Solution

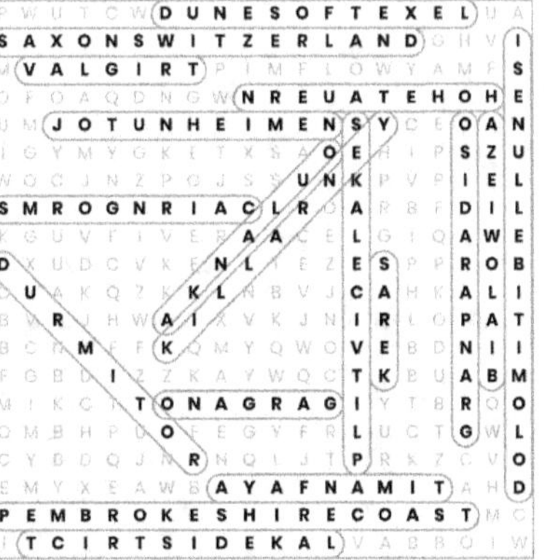

NATIONAL PARKS OF INDIA – Solution

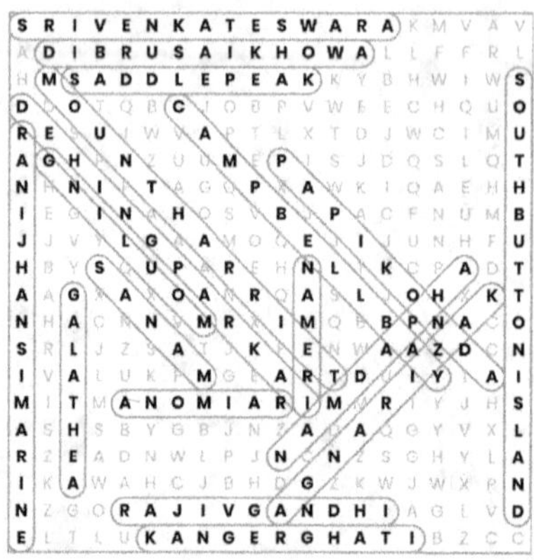

NATIONAL PARKS OF INDONESIA – Solution

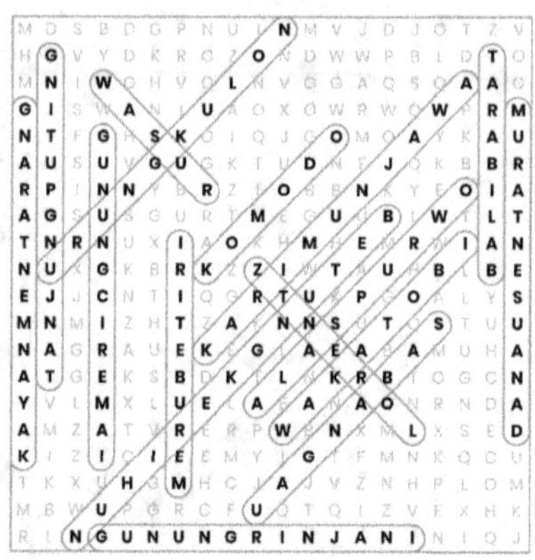

NATIONAL PARKS OF ISRAEL – Solution

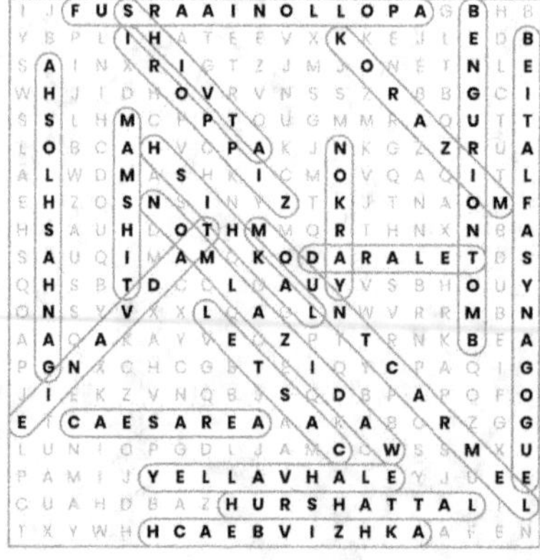

NATIONAL PARKS OF THAILAND – Solution

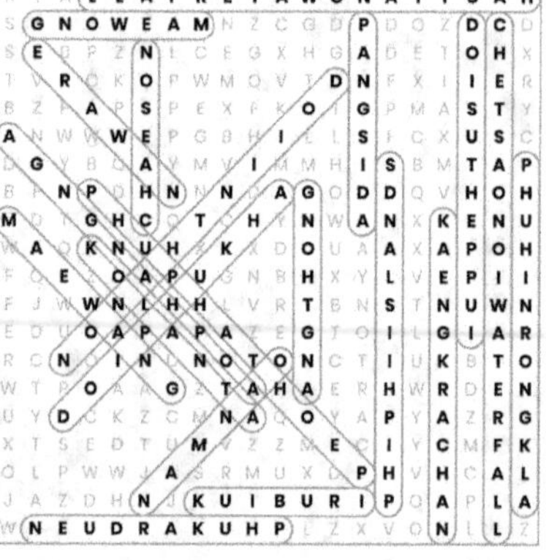

NATIONAL PARKS OF THE U.S. - Solution

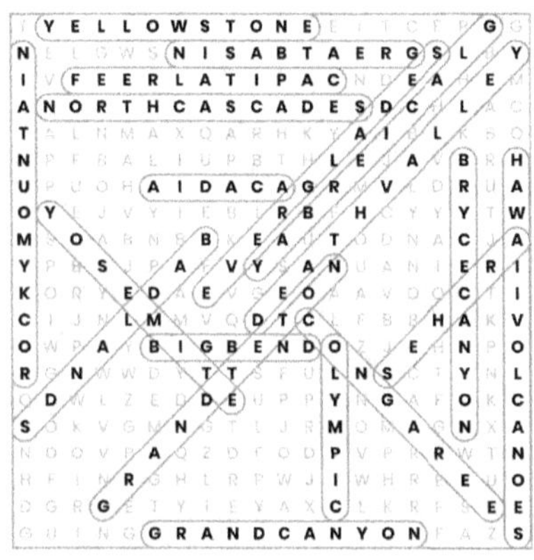

NATIONAL PARKS OF RUSSIA - Solution

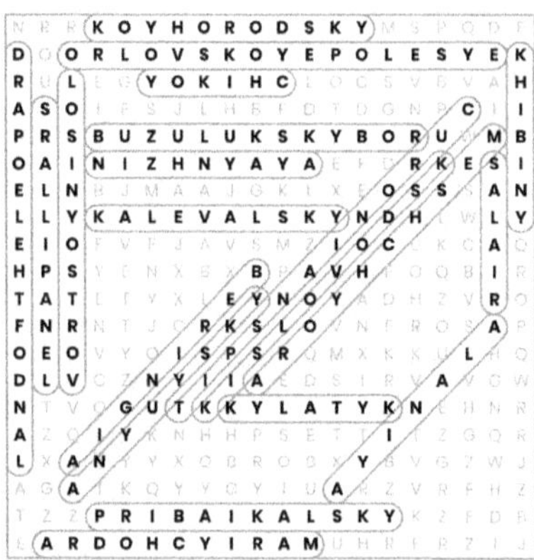

NATIONAL PARKS OF ZAMBIA – Solution

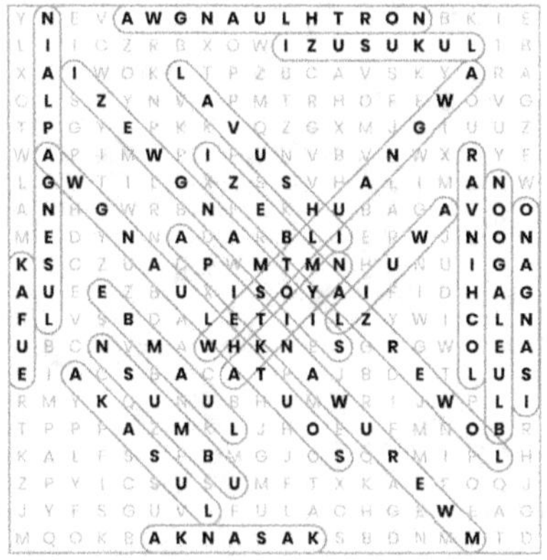

MOUNTAIN RANGES OF AFRICA – Solution

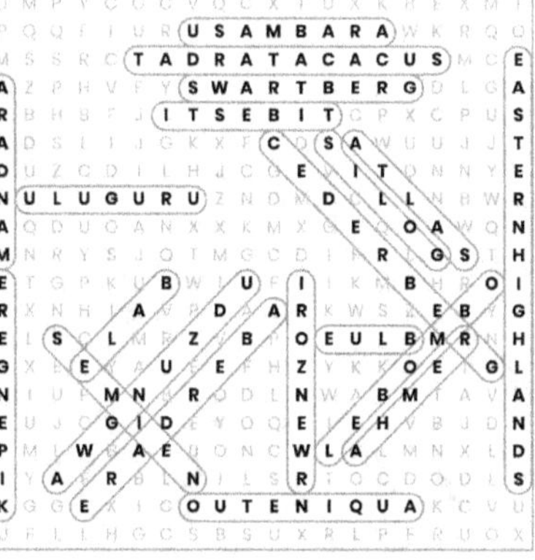

MOUNTAIN RANGES OF ANTARCTICA – Solution

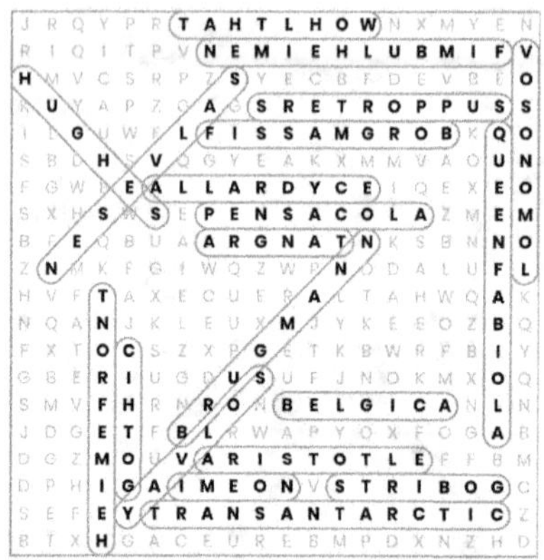

MOUNTAIN RANGES OF ASIA – Solution

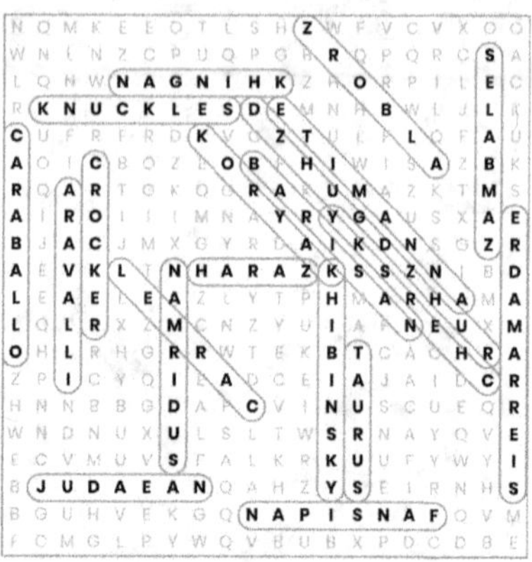

MOUNTAIN RANGES OF CANADA – Solution

MOUNTAIN RANGES OF EUROPE – Solution

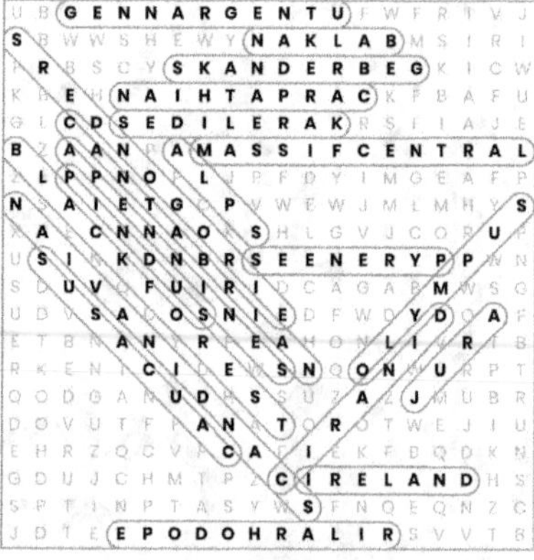

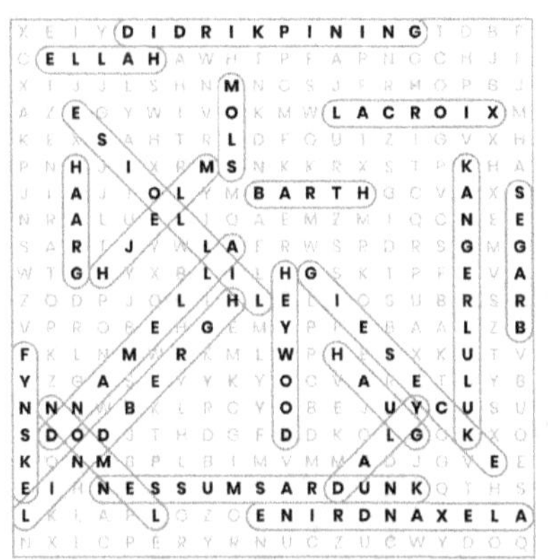

MOUNTAIN RANGES OF GREENLAND - Solution

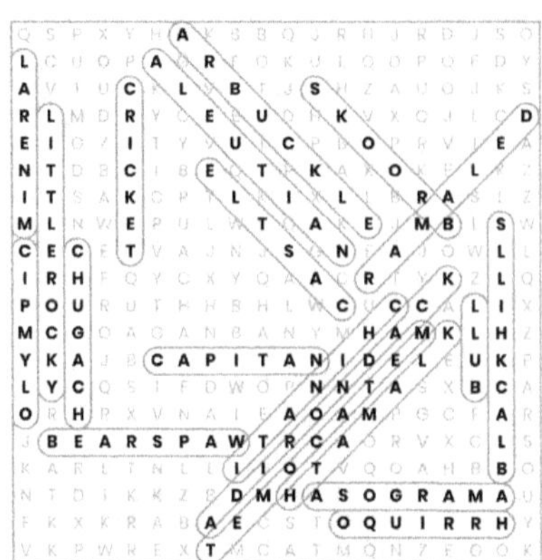

MOUNTAIN RANGES OF THE UNITED STATES - Solution

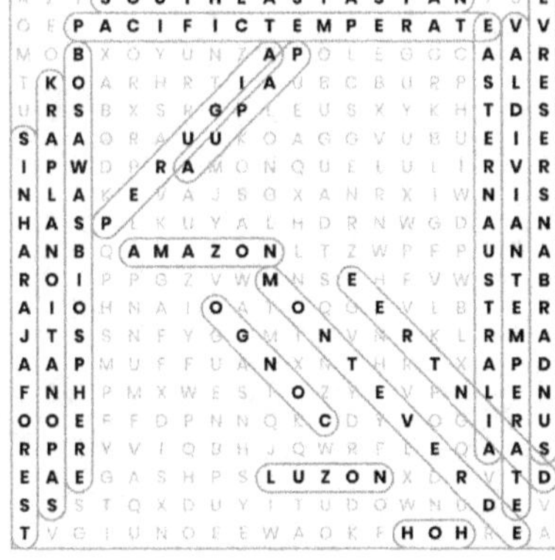

RAINFORESTS - Solution

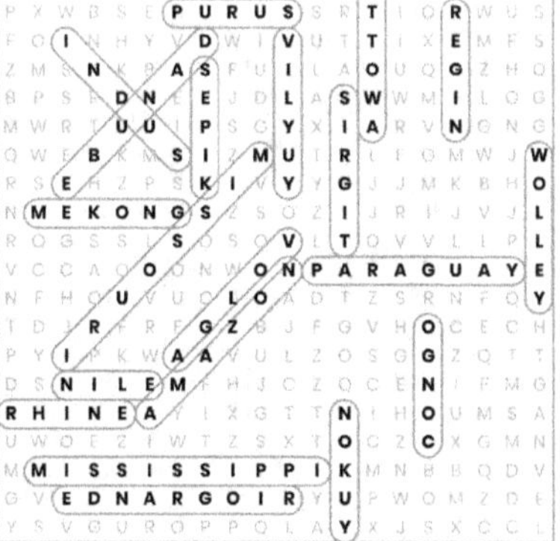

MAJOR RIVERS - Solution

MAJOR RIVERS OF AUSTRALIA – Solution

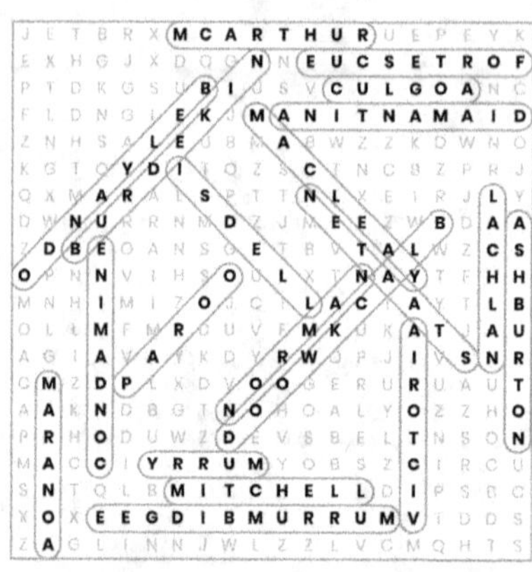

MAJOR RIVERS OF CANADA – Solution

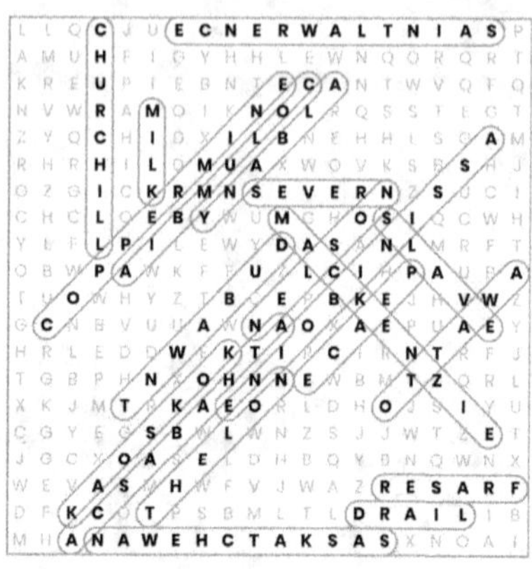

MAJOR RIVERS OF CHINA – Solution

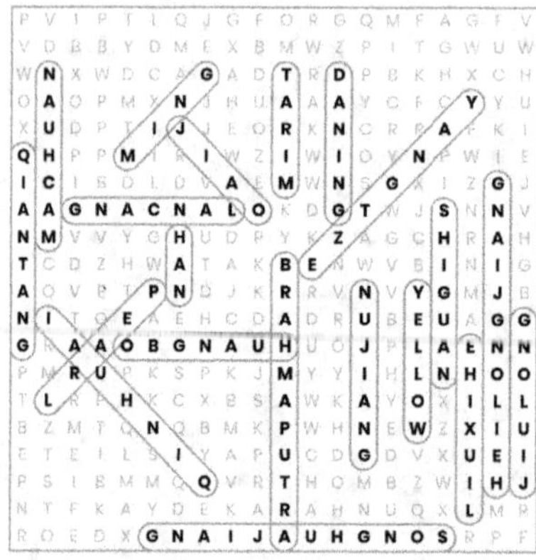

MAJOR RIVERS OF RUSSIA – Solution

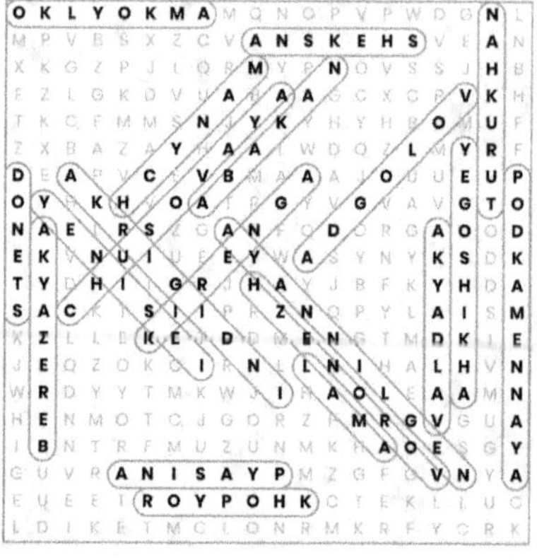

MAJOR RIVERS OF THE U.S. – Solution

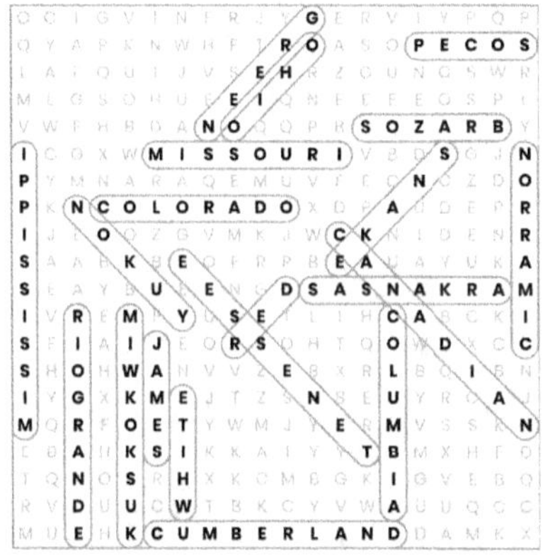

DESERTS – Solution

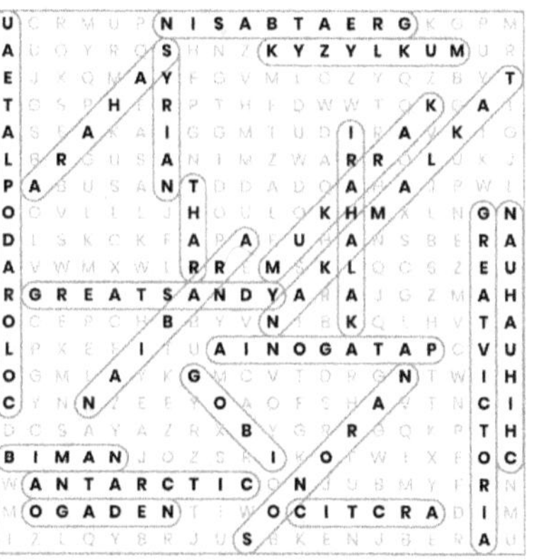

SEAS ACROSS THE WORLD – Solution

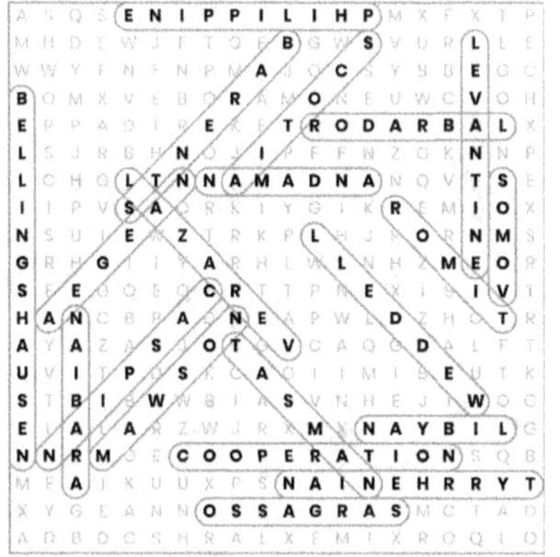

MAJOR STRAITS – Solution

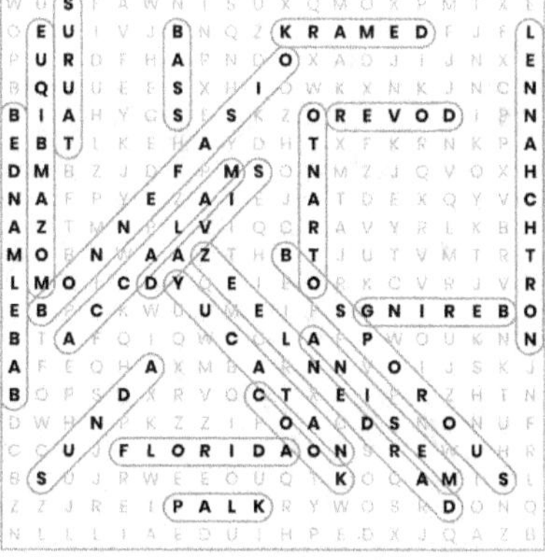

MAJOR REEFS – Solution

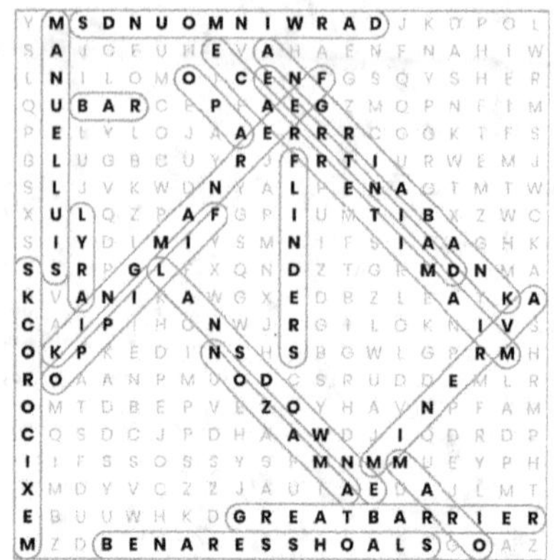

CURRENTS OF THE ATLANTIC OCEAN – Solution

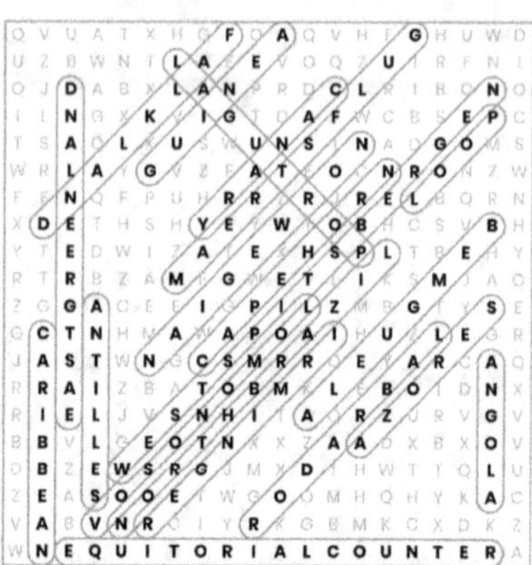

CURRENTS OF THE PACIFIC OCEAN – Solution

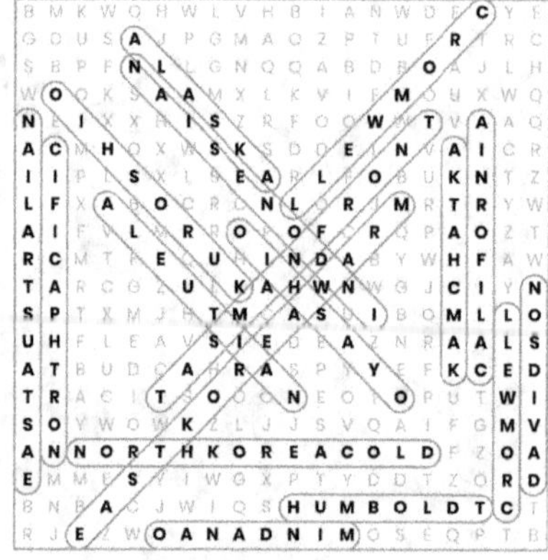

GLACIERS OF ANTARCTICA – Solution

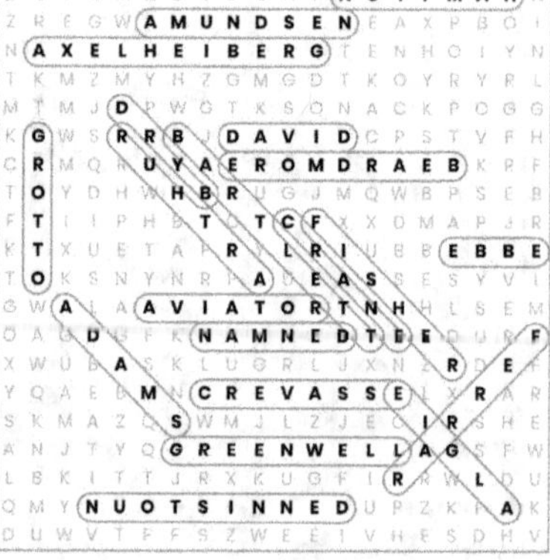

GLACIERS OF AFRICA - Solution

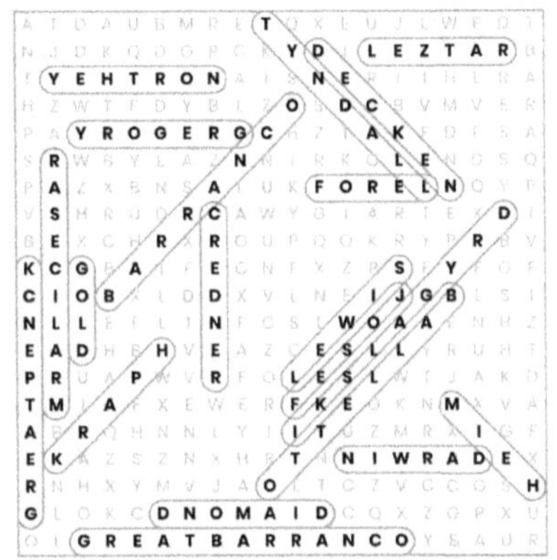

GLACIERS OF ALASKA (U.S.) - Solution

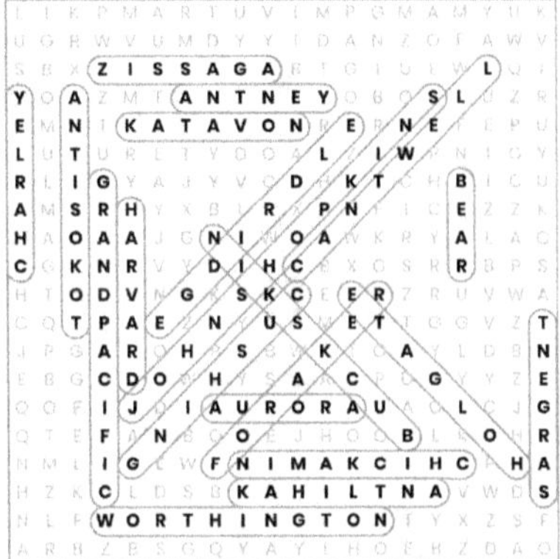

GLACIERS OF CALIFORNIA (U.S.) - Solution

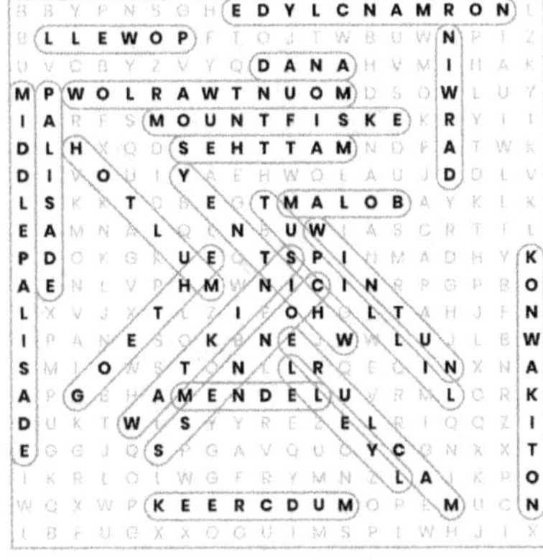

GLACIERS OF MONTANA (U.S.) - Solution

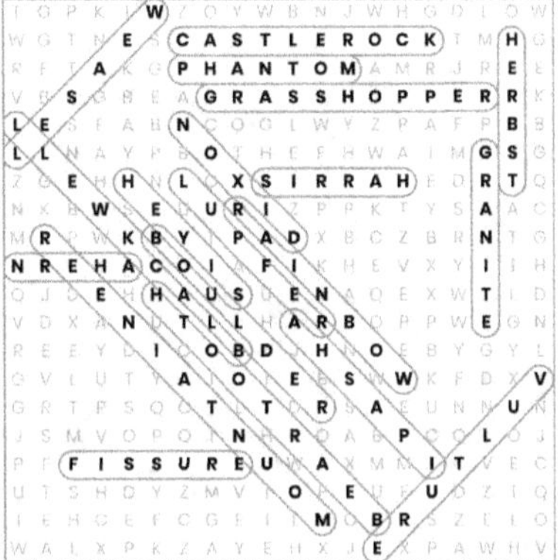

GLACIERS OF WASHINGTON (U.S.) - Solution

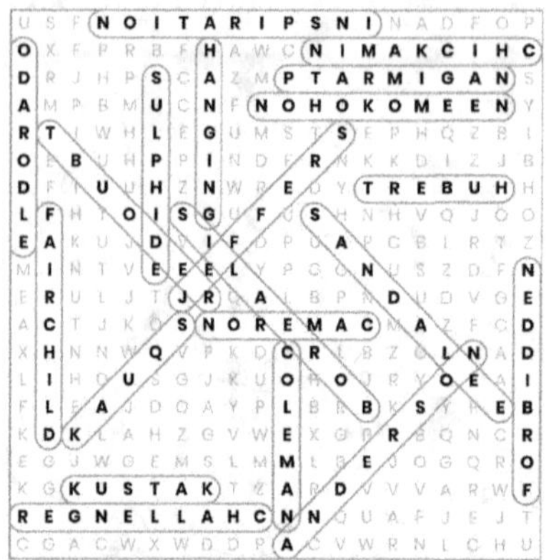

GLACIERS OF WYOMING (U.S.) - Solution

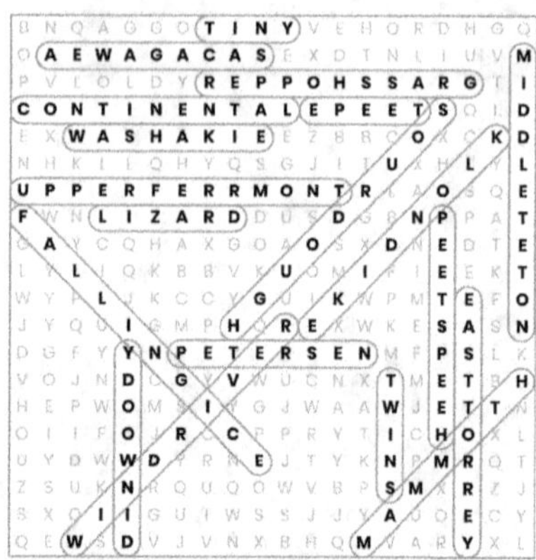

LACIERS OF BRITISH COLUMBIA (CANADA) - Solutio

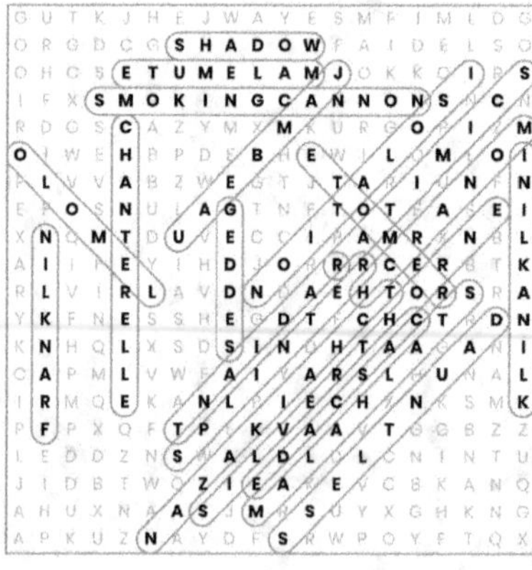

ERS AND ICE FIELDS OF THE CANADIAN ROCKIES - Sc

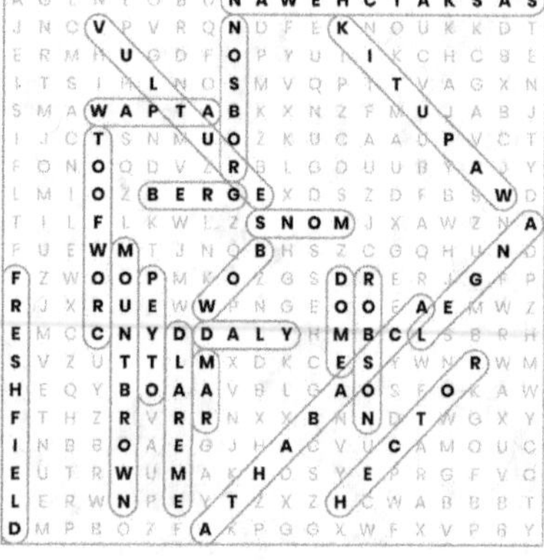

GLACIERS OF PAKISTAN - Solution

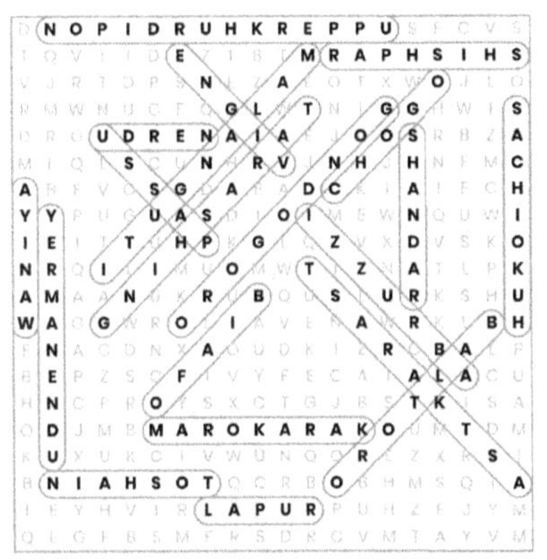

NATURAL DISASTERS - Solution

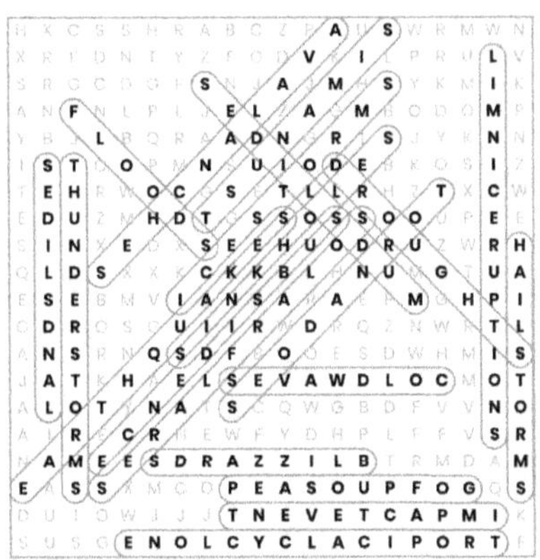

NATURAL PHENOMENON - Solution

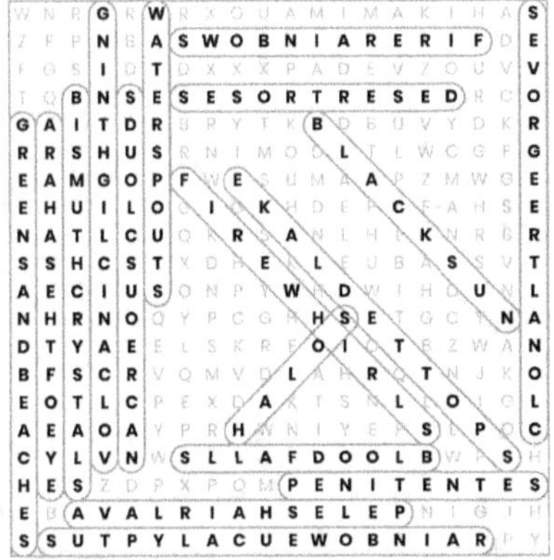

NATIONAL ANIMALS - Solution

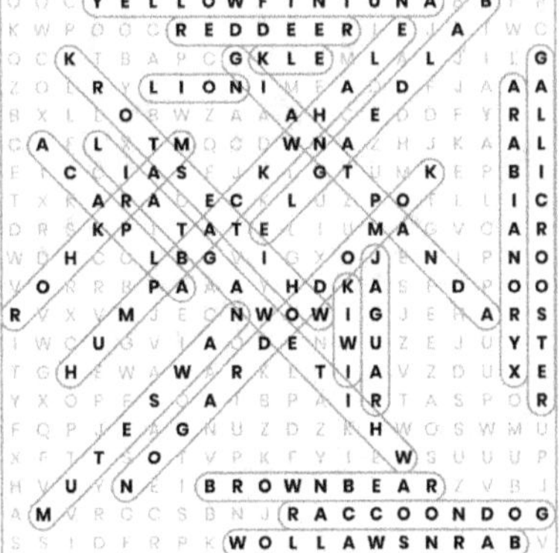

MARINE MAMMALS – Solution

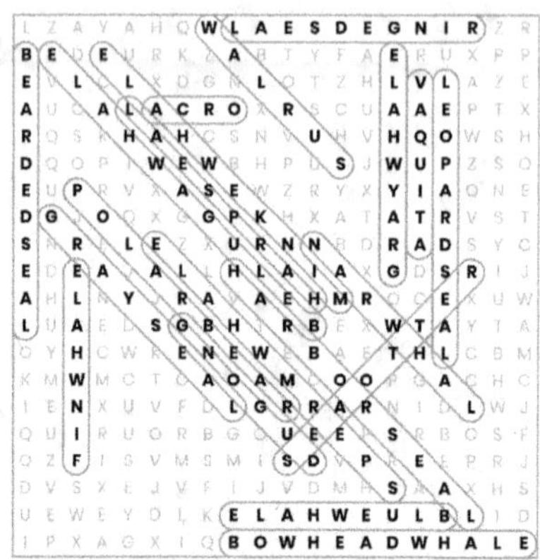

AFRICAN ANIMALS – Solution

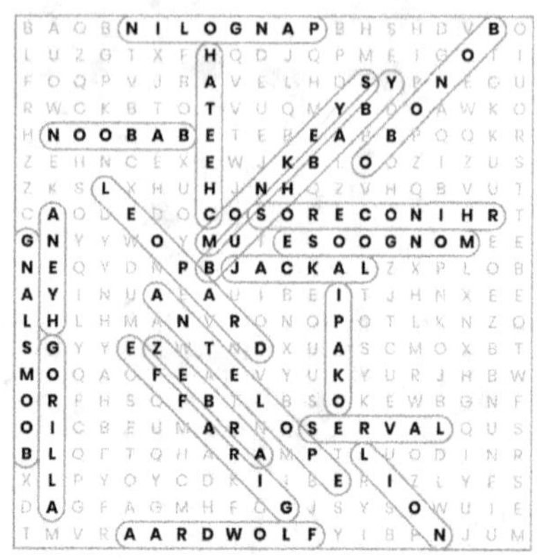

ARCTIC ANIMALS – Solution

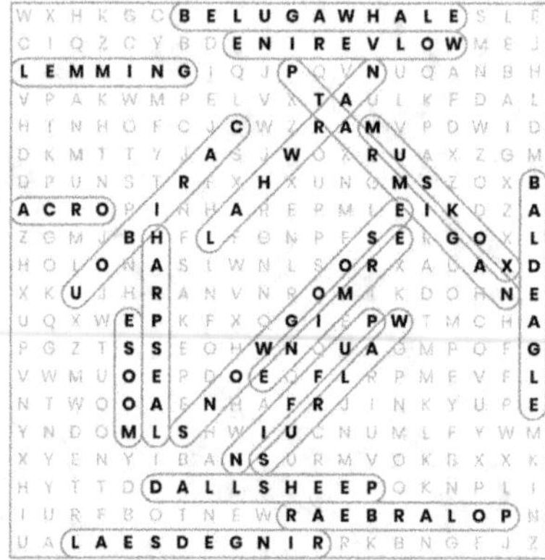

ASIAN ANIMALS – Solution

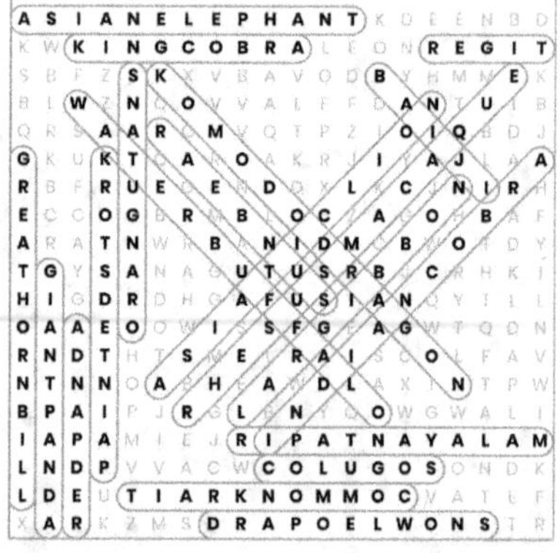

AUSTRALIAN ANIMALS – Solution

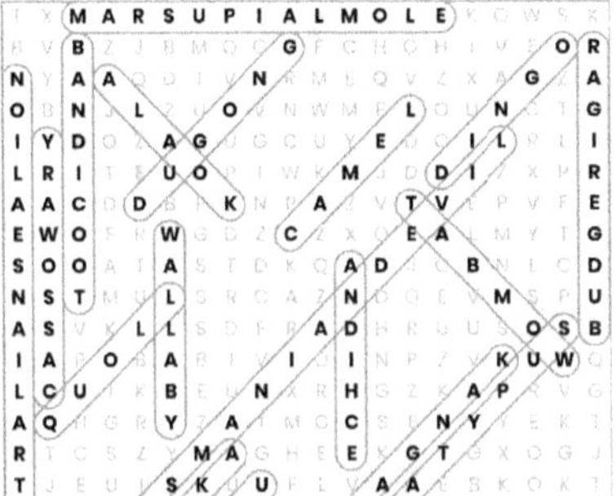

NORTH AMERICAN ANIMALS – Solution

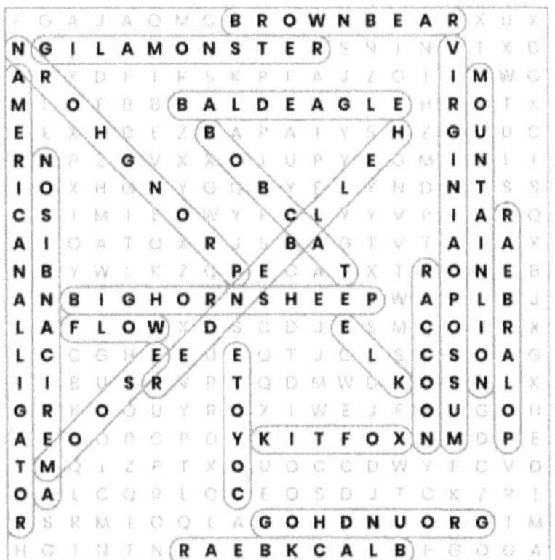

ENDANGERED SPECIES – Solution

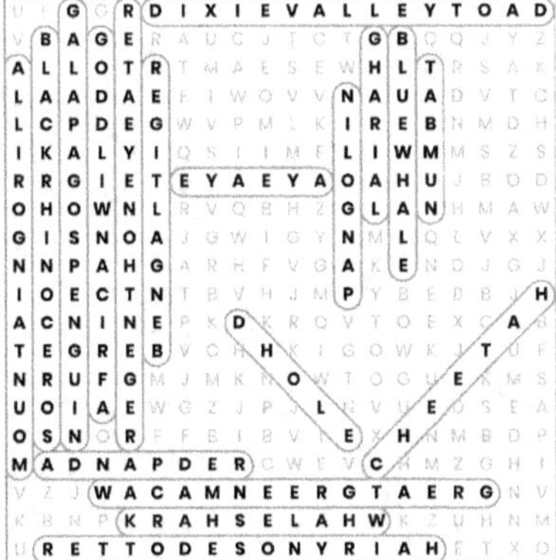

AUSTRALIAN FOODS – Solution

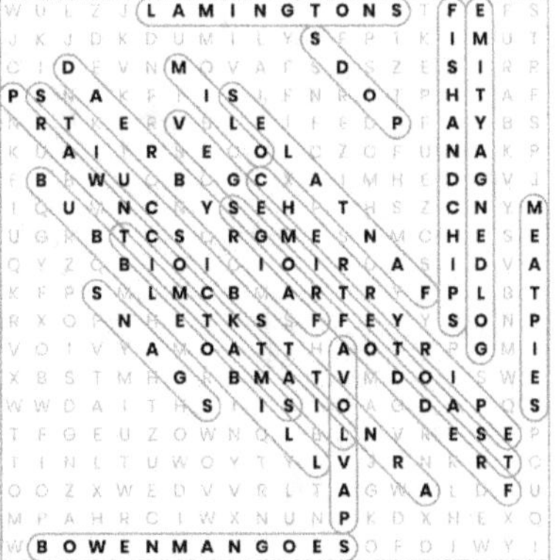

CHINESE FOODS – Solution

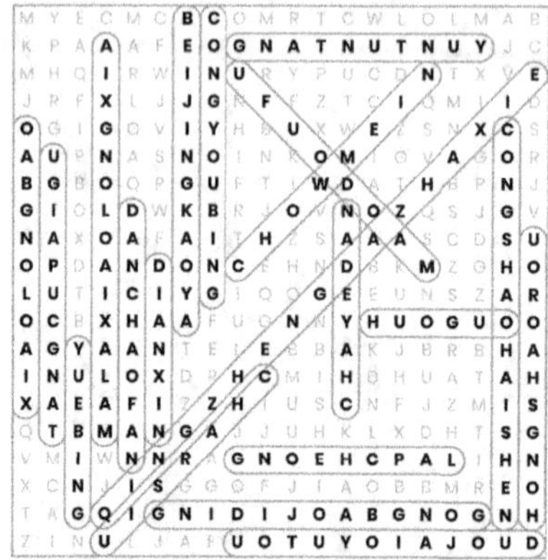

EGYPTIAN FOODS – Solution

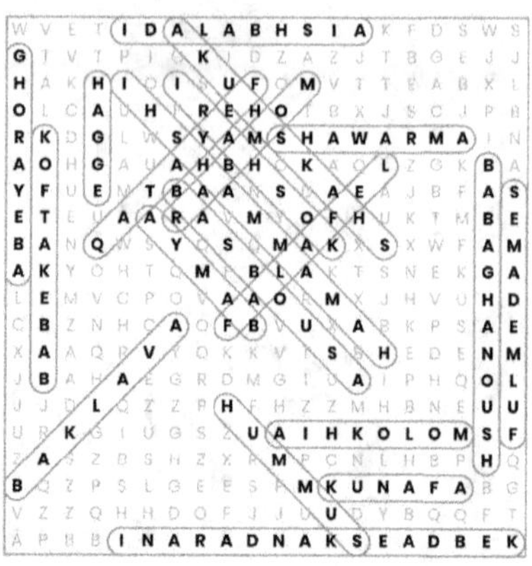

FILIPINO FOODS – Solution

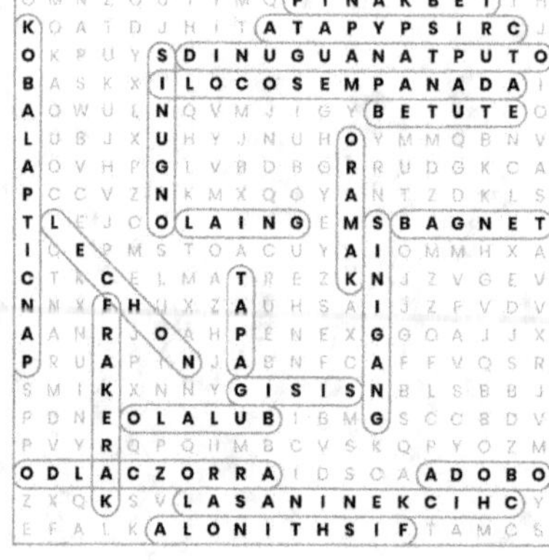

FRENCH FOODS – Solution

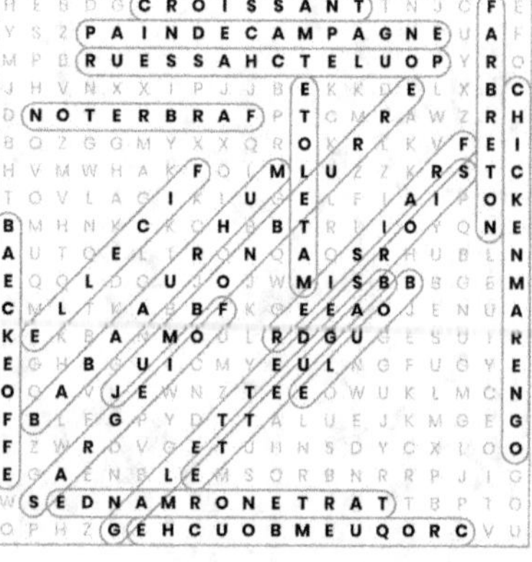

GERMAN FOODS - Solution

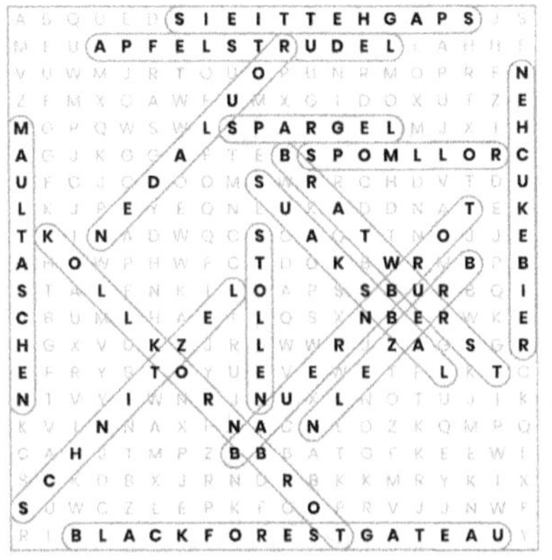

INDIAN DISHES - Solution

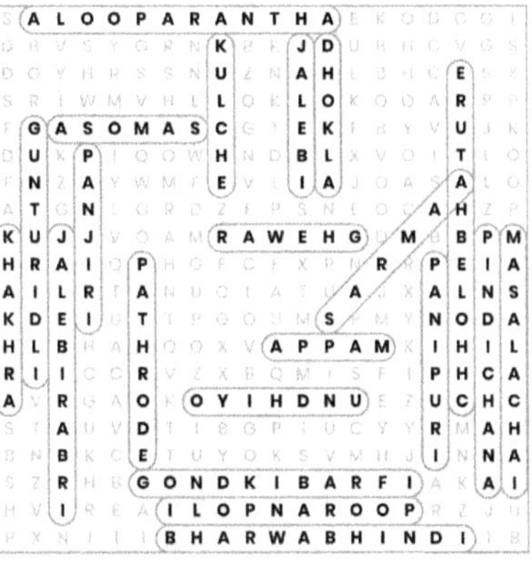

KOREAN DISHES - Solution

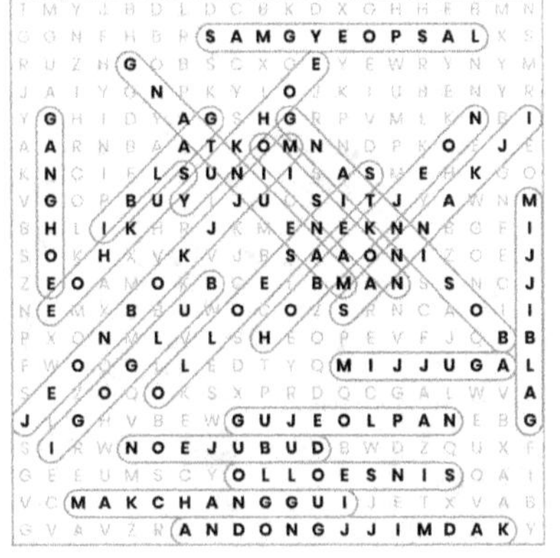

Mexican Cuisines - Solution

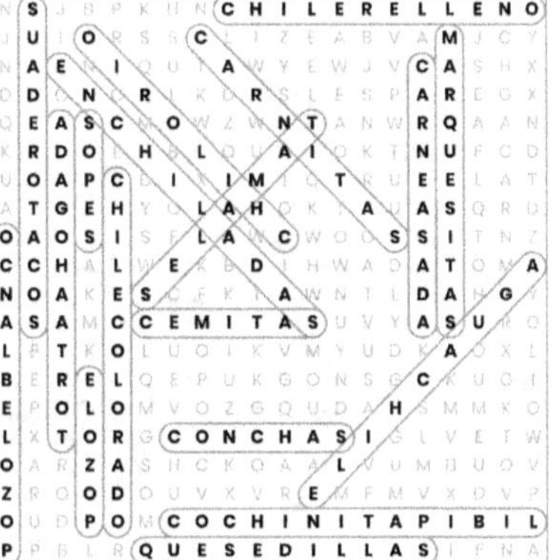

RUSSIAN FOODS – Solution

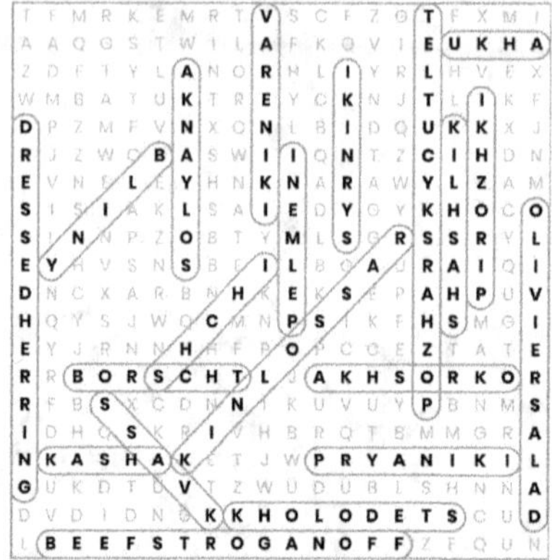

RELIGIONS – Solution

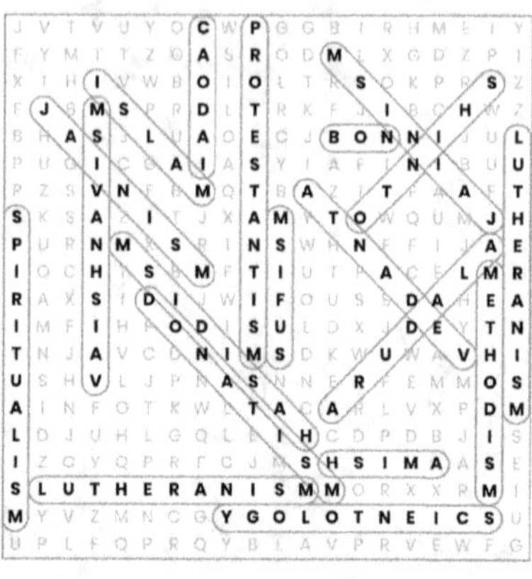

ANCIENT ROMAN GODS – Solution

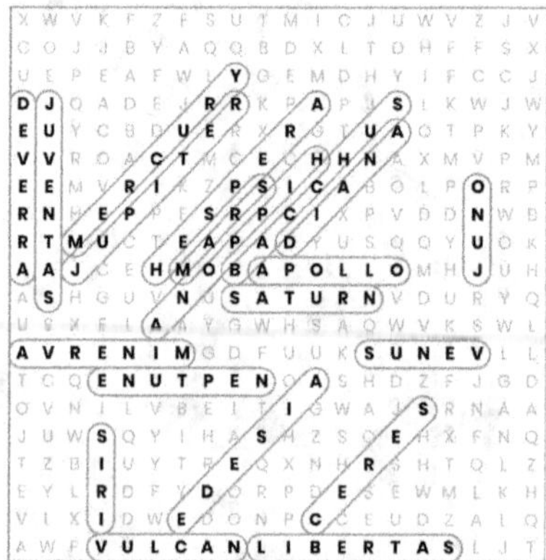

BIBLICAL CHARACTERS (NEW TESTAMENT) – Solution

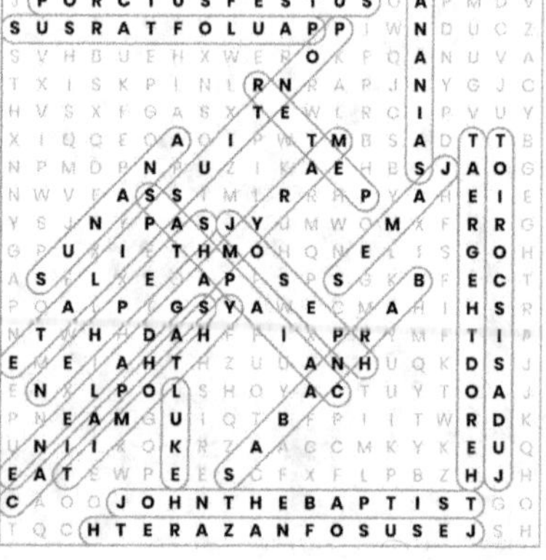

BIBLICAL CHARACTERS (OLD TESTAMENT) – Solution

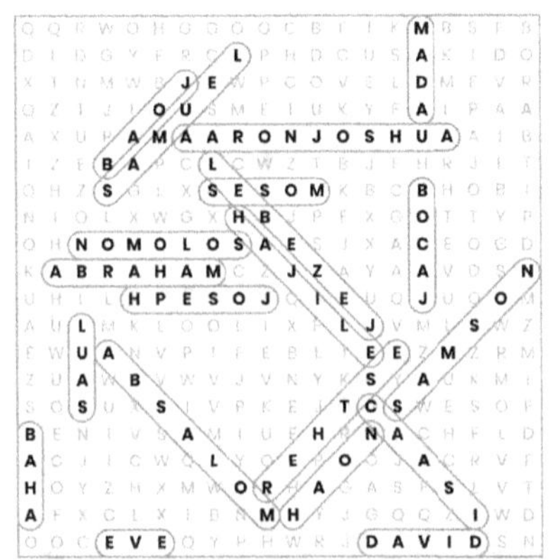

CHINESE GODS – Solution

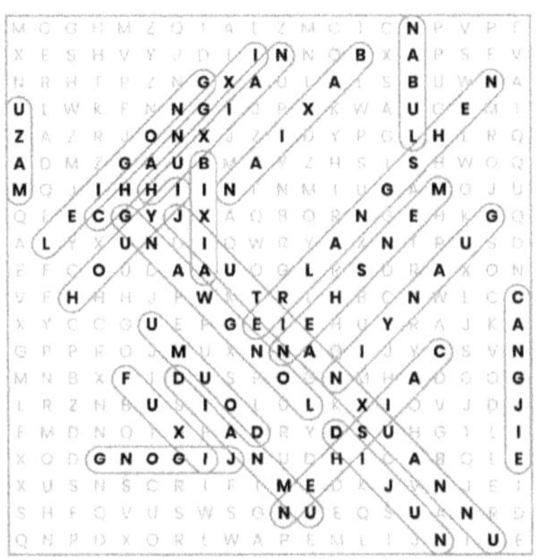

CREATURES OF GREEK MYTHOLOGY – Solution

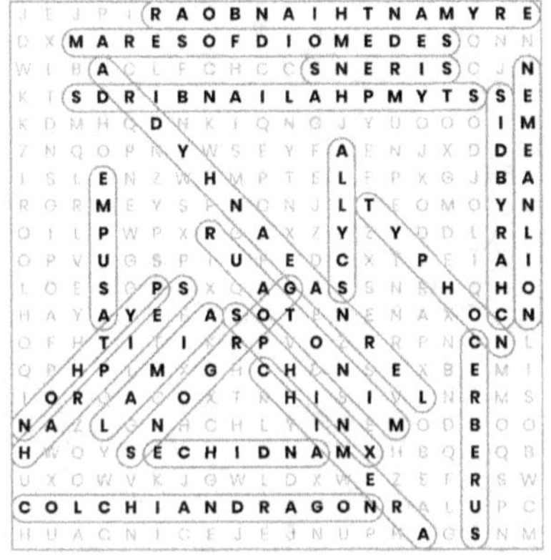

GREEK GODS – Solution

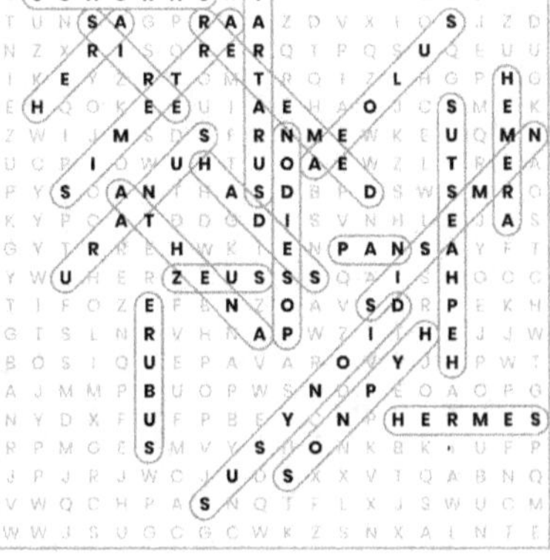

HINDU DEITIES – Solution

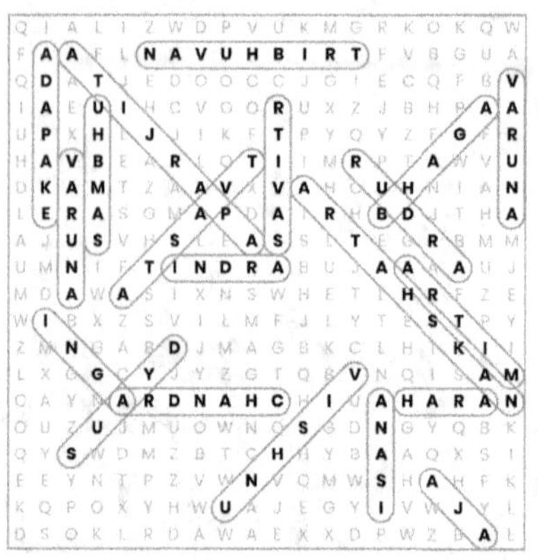

JAPANESE GODS – Solution

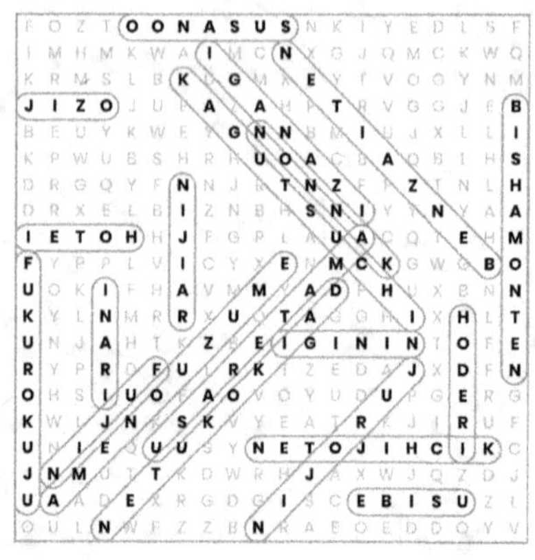

PHILIPPINE MYTHOLOGICAL CREATURES – Solution

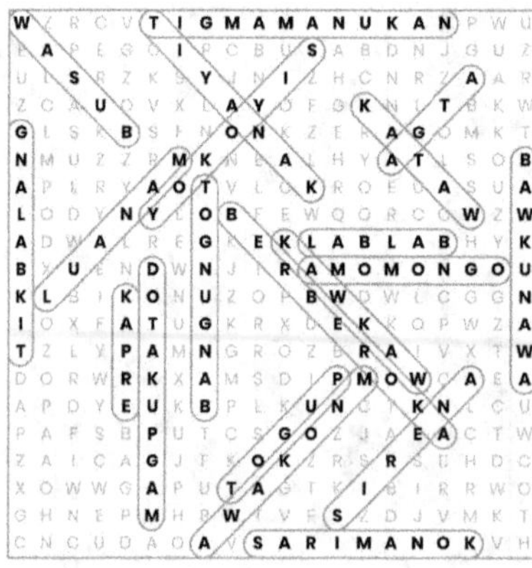

SAMOAN MYTHOLOGY – Solution

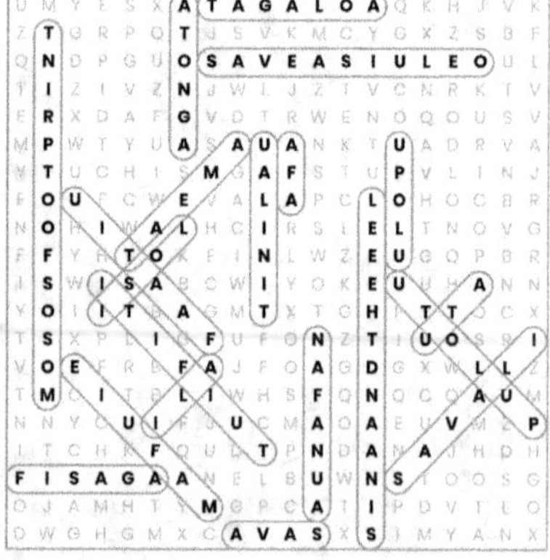

TAGALOG DEITIES - Solution

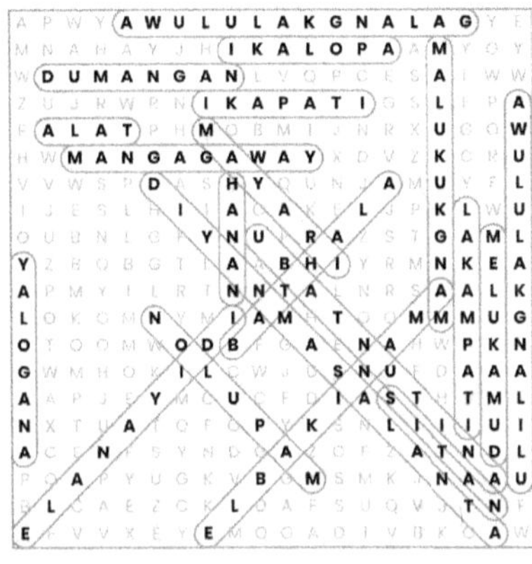

HOLIDAYS - Solution

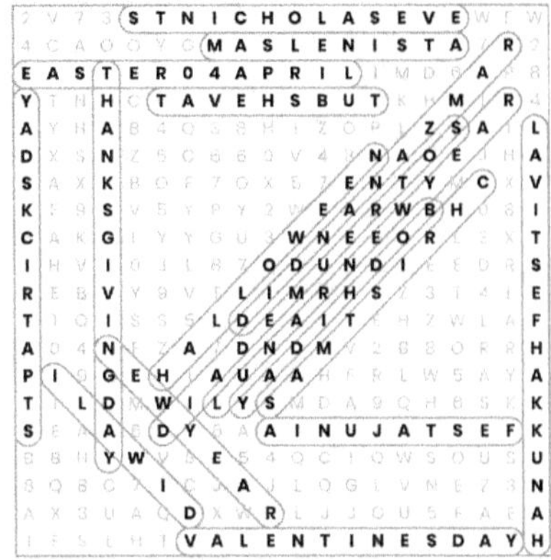

CONSTELLATIONS - Solution

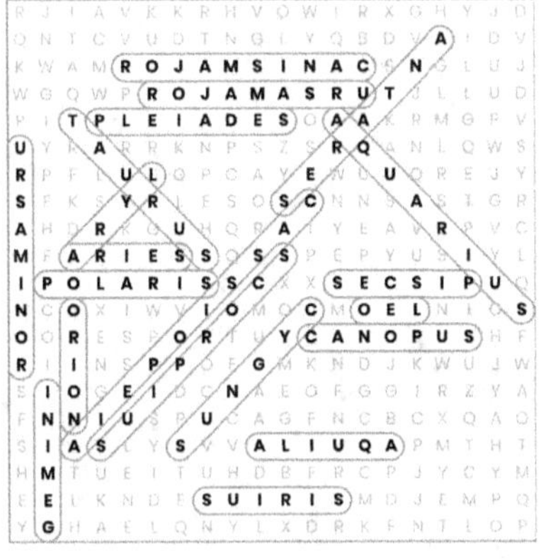

FAMOUS LANDMARKS - Solution

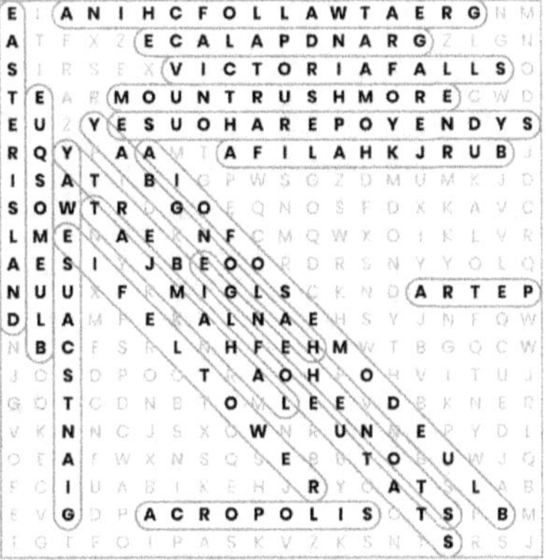

LANGUAGES – Solution

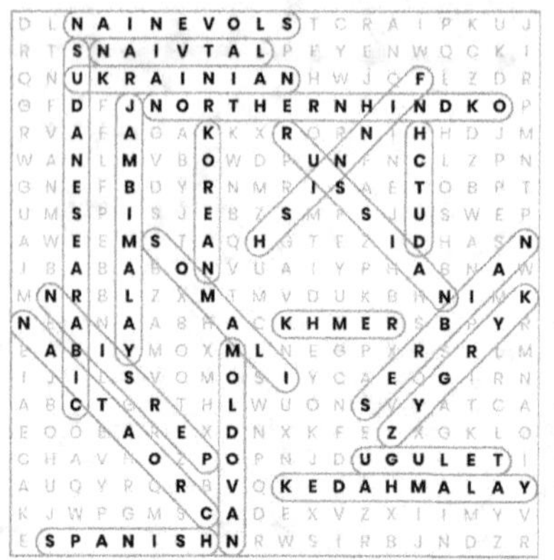

MAJOR SPORTING EVENTS – Solution

OLYMPIC SPORTS – Solution

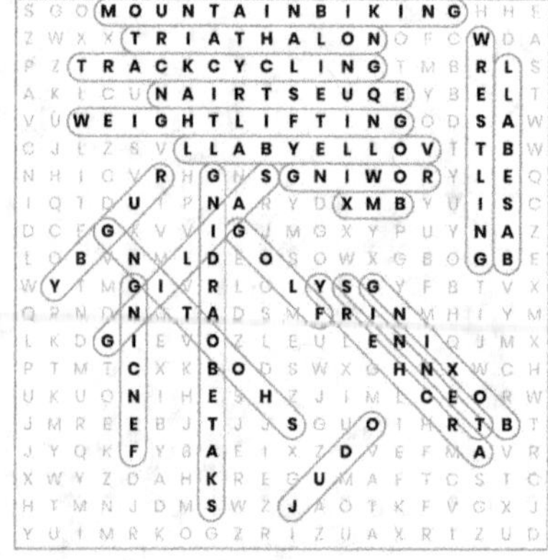

WORLD FAMOUS ATHLETES – Solution

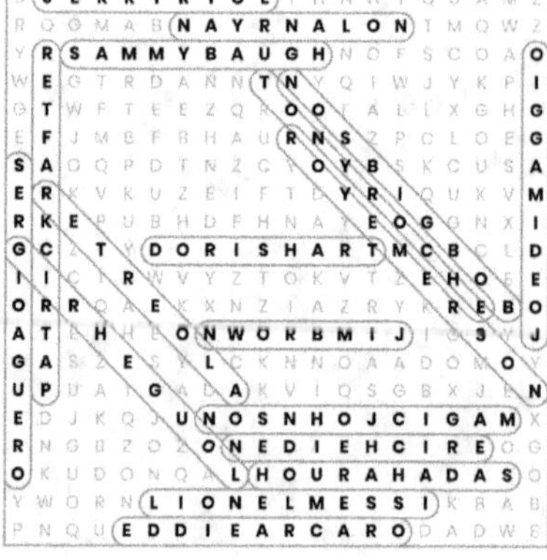

GLOBALLY RECOGNIZED SINGERS – Solution

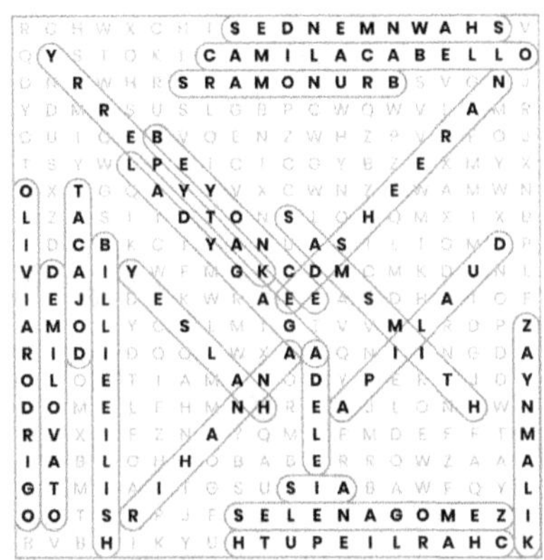

HISTORICAL FIGURES – Solution

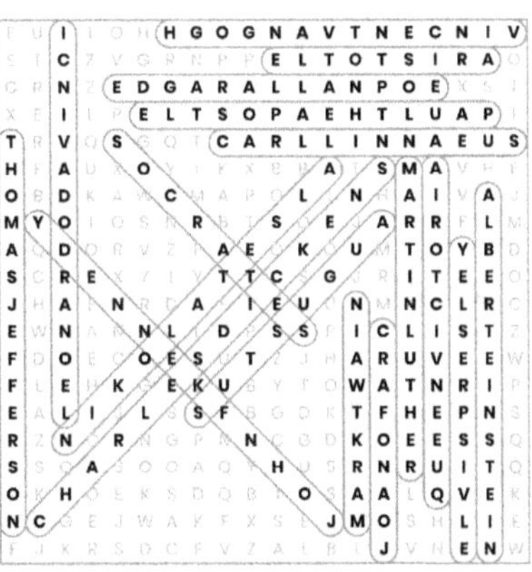

WORLD CURRENCIES – Solution

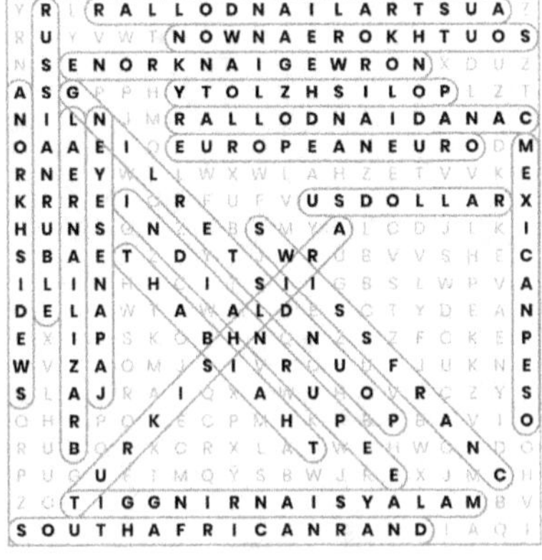

MODES OF TRANSPORTATION – Solution

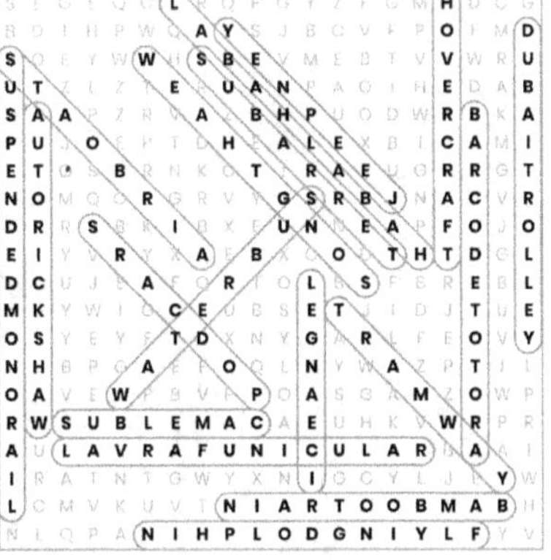

www.ingramcontent.com/pod-product-compliance
Lightning Source LLC
Chambersburg PA
CBHW061615250726
48653CB00018B/391